地域批評シリーズ㊱

これでいいのか
東京都 新宿区

まえがき

新宿区！　そこは東京の大都会。いつも様々な人々が行き交い人生のドラマが生まれる街。誰がいったか「眠らない街」なんて二つ名でも呼ばれる街。

でも、実際に新宿を訪れたことがある人は、そんなことは嘘だってわかってるよね。新宿だって夜になれば、街は眠るよ。ああ、確かに「東洋一」と謳われる歓楽街（これも、近年の上海とかの発展を見ると疑問）である歌舞伎町は夜遅くまで賑わいが耐えることはない。でも、やっぱり明け方になると眠りについている感じはある。それに、繁華街を除けば新宿の夜は早い。牛込や四谷といった住宅地に行くとよくわかる。

新宿区の住宅地は、午後7時くらいになるともう眠っているんだよ、これが。どこが眠らない街？　地方都市とイコールかむしろ早いくらいに眠っている街になっているじゃないか。

さて、この本を手に取った読者のみなさんは「新宿」という地名を聞いたときに、どこを思い浮かべるだろう。やっぱり歌舞伎町。あるいは都庁がそびえる高層ビル群だろうか。はたまた、迷宮だとして散々ネタにされる新宿駅を思い浮かべるかもしれない、ああ、あとアレだ。こまった時に「XYZ」と書いたら助けに来てくれる駅の掲示板。

ともあれ、新宿という地名には大きいだとかたくさんというイメージがリンクされているんじゃないかな。新宿は大きい。

空より広き武蔵野の
国のみやこの中心に
大新宿区あかるさよ

とは新宿区役所のサイトにも掲載されている『大新宿区の歌』。今でも、行事の時には歌われることもあるという。自ら「大」と名乗るのは歌が制定された昭和のノリ。実際、新宿の人はみんなわかっている。新宿区は広いから「大」であって、誰もがイメージするような賑わいの「大」は、そんなに多くないのだということを。

これ、新宿駅から東西四方に15分も歩いてみれば一目瞭然。すぐに、どこかうらぶれた感じすら漂う住宅街が出現するのだ。とりわけ、山手線の内側方向に進んでみると、すごく街が不便そう。戸山あたりの団地は象徴的で、寂れた郊外のニュータウンに似た様相をしている。

そう、実に新宿区は世界的に知られた地域にも拘わらず、驚くほど実情を知られていないのである。実は、新宿区民でも思いは一緒。なぜなら、けっこう広いので自分が住んでる地域と駅以外がどうなっているのかは、お互いに知らない。神楽坂住民は、ほとんど中野区な北新宿には興味ない。高層ビルの向こうの西新宿が、どうなっているかを知る人なんていない。犯罪が多いイメージがあるけれども、それは新宿駅とか歌舞伎町周辺という限られた地域の話。だいたい、ホストやキャバ嬢は、明治通りよりも東にはほぼ出没しない。そう、外国人が多いイメージのある新大久保も、これまた辻ごとにまったく違う様相を見せるのである。

そんな新宿区は知れば知るほど面白い地域である。なにせ、もとは江戸ですらない町外れだった地域。それが、今では世界に誇る大都会なのだ。こうなるまでに百年、いや、そんなにもかかっていない。そんな猛烈なスピードで発展した地域だからこそ、様々なドラマが積み重なっているというわけである。独特の歴史性と地域性によって、新宿区は常に発展を続け、どんどん住みやすい地域へと変化している。近年はタワーマンションなんかも増えてきたけれど、風呂なしボロアパートも共存しているのがいいところ。別にスカした金持ちとか意識高い系に優しい街ではない。あくまで、どんな人でも住みやすいという意識がベースにあるのが、新宿区のいいところである。

とにかく住んでる人に聞けば、誰もが「住みやすい」と主張する新宿区。でも、それは真実なのか。そして、これからも誰にとっても住みやすい街になるのか。東京オリンピックが迫り、令和とともに新しい時代が幕をあけた今、その真実を探求していくことにする。

池袋駅
文京区
都電荒川線
副都心線
面影橋駅
早稲田駅
早稲田
西早稲田
早稲田大
戸塚町
新目白通り
早稲田鶴巻町
山吹町
改代町
水道町
西五軒町
東五軒町
新小川町
飯田橋
学習院女子大
早稲田通り
早稲田駅
馬場下町
早稲田町
早稲田南町
榎町
中里町
築地町
赤城下町
東榎町
天神町
赤城元町
白銀町
筑土八幡町
戸山公園
戸山
喜久井町
下宮比町
新宿区
神楽坂駅
津久戸町
水道橋駅
弁天町
南榎町
矢来町
横寺町
岩戸町
神楽坂
揚場町
外堀通り
神楽河岸
飯田橋駅
原町
牛込神楽坂駅
若松町
牛込柳町駅
市谷山伏町
北山伏町
箪笥町
袋町
新宿
若松河田駅
細工町
北町
中町
若宮町
都営大江戸線
原町
市谷柳町
市谷甲良町
南山伏町
二十騎町
南町
市谷船河原町
東京女子医科大
納戸町
余丁町
河田町
市谷薬王寺町
市谷加賀町
払方町
外苑東通り
市谷鷹匠町
市谷砂土原町
住吉町
市谷仲之町
市谷本村町
市谷左内町
市谷田町
靖国神社
東京医科大
市谷台町
市谷長延寺町
曙橋駅
防衛省
市谷八幡町
北の丸公園
富久町
都営新宿線
片町
市ケ谷駅
愛住町
荒木町
坂町
本塩町
舟町
南北線
東京メトロ
宿御苑前駅
四谷
四谷三丁目駅
三栄町
JR中央線
千代田区
新宿通り
東京メトロ丸ノ内線
皇居東御苑
新宿御苑
左門町
大京町
四谷
四ツ谷駅
皇居
外苑西通り
内藤町
須賀町
若葉
慶應義塾大医学部
千駄ケ谷駅
信濃町
南元町
JR総武線
信濃町駅
迎賓館
国立競技場駅
外苑
国立競技場
霞ケ丘町
赤坂御用地
神宮外苑
港区
国会議事堂
神宮球場

新宿区全体地図

落合南長崎駅
新目白通り
山手通り
中落合
下落合
目白大・短大
中井
中井駅
首都高速中央環状線
山手トンネル
下落合駅
上落合
高田馬場駅
東京メトロ東西線
高田馬場
西武新宿線
JR埼京線・山手線
落合駅
中野区
戸山公園
中野駅
東中野駅
百人町
JR中央線
大久保
北新宿
大久保駅
新大久保駅
東新宿
職安通り
歌舞伎町
青梅街道
西武新宿駅
西新宿駅
新宿西口駅
新宿三丁目駅
杉並区
都庁前駅
都営大江戸線
新宿
新宿駅
西新宿五丁目駅
明治通り
新宿中央公園
都庁
西新宿
新宿駅
新宿サザンテラス
北
新宿
甲州街道
代々木駅
初台駅
0
1km
渋谷区
明治神宮

新宿区基礎データ

地方	関東地方
都道府県	東京都
総面積	18.22km²
人口	346,425人 (住民基本台帳／2019年4月1日現在)
人口密度	19013.45人/km²
隣接自治体	千代田区、文京区、豊島区、中野区、渋谷区、港区
区の木	ケヤキ
区の花	ツツジ
団体コード1	13104-1
区役所所在地	〒160-8484 東京都新宿区歌舞伎町1-4-1
区役所電話番号	03-3209-1111(代表)

※2019年4月1日現在

●第2章●【新宿区は住みやすい街なのか】……97

●第4章●【区内最高のエリアはどこだ?】

●第6章●

第1章

新宿区の歴史は案外短い

江戸以前はかなり地味だった新宿の歴史

太古の昔から新宿は先進地帯？

実に新宿では、太古から人類が暮らしていた。関東平野は、江戸以前には現在よりも海が広がっていて、あちこちに葦の生える低湿地が広がっていた。かつての新宿の地は、それを見下ろすような台地にあたる土地であった。海にも近い台地には、狩猟採集で暮らす人々には暮らしやすい土地であったことは想像に難くない。ゆえに、早くから人類は住み始めていた。

そうした太古の新宿を語る代表的な遺跡が、現在の目白大学構内で発見された落合遺跡である。この遺跡は、縄文時代から奈良時代まで、連綿と営まれた集落跡である。当時の人々もよっぽど住みやすかったのか、えらく長い時代にわたって人が住んだ歴史が刻まれているのである。

ここで重要なのは、この遺跡では縄文時代どころか旧石器時代の遺物も見つかっているのである。長らく日本列島には存在しないといわれてきた旧石器時代。その存在が明らかになったのは、1946年に相沢忠洋による群馬県の岩宿遺跡の発見であった。落合遺跡で旧石器が発見されたのは、それから、わずか数年後の1949年である。それまで、人類の営みが存在しないとされてきた関東ローム層まで、地面を掘り下げた結果の発見である。縄文時代は、約一万年にも及ぶ長い時代である。同じ一族が、ずっと栄えて来たわけではあるまいが、実に落合遺跡周辺では一万数千年にわたって、人類が暮らしていたことがわかるのだ。

これだけだと「落合のあたりは、よっぽど住みやすかったのか」と思ってしまう。だが、実際には、まとまって発掘されたのがここというだけで、台地のあちこちには人が住んでいたようである。2012年に防衛省近くのマンション建設予定地から発掘された市ヶ谷加賀町2丁目遺跡は、人々の耳目を引いた。4000〜5000年前と推測される縄文時代中期の遺跡から、竪穴住居の中に埋葬された人骨が発掘されたのである。この地域の土壌は、極めて酸性が強い。発掘作業に携わるとよくわかるが、手がボロボロになるほどの土壌で、人骨のようなものはすぐに分解されてしまい残ることはない。そうした中で、奇跡的に保存状態のよい人骨が発掘されたことで、新宿の歴史はより深く研究されていくのではとも期待されている。

これから、この本で語っていく前段として、新宿の歴史はとにかく古いということは覚えていて貰いたい。

全国から人が集まる新宿の始まり

さて、そんなに古くから人類が暮らしていた新宿であるが、奈良・平安時代はといえば、単なる田舎である。とりわけ、この地が栄えていただとか、なにか歴史上の舞台になったということは、ほとんどない。なにしろ、この時代の関東地方というのは、都から遠く離れた田舎である。近年、鎌倉時代の研究が進むにつれて明らかになりつつあるが、そもそも京の都を中心とした地域と、同じ国であるという意識すら希薄だったのではないかということも知られつつある。そんな関東地方は、いわばフロンティアでもあった。都で出世の目もないと悟った貴族が下向して土着していったことも知られるところだ。武士の発生にも諸説はあるが、こうして様々な人々が移住したり、土地を切り拓いたりする中で生まれてきたものであることは間違いない。

そんな時代にも、新宿の地では人々が連綿として暮らしてきたことを示すのは、区内各所にある神社であろう。新宿の総鎮守は、花園神社であるが創建年代は不明とされている。由緒の残る神社を探すと筑土八幡神社は、嵯峨天皇の時代、赤城神社は後伏見天皇の時代と伝わっている。穴八幡や抜弁天は源義家の伝承が伝わることで知られているが、面白いのは十二社熊野神社であろう。ここは、もとは熊野十二所権現社と呼ばれていたが、室町時代に鈴木九郎という人物によって創建されたものとされている。この人物は、紀州からやってきて馬の売買や一帯の開拓で財をなし「中野長者」と呼ばれた人物である。その人物が故郷から招いたのが、こちらの神社というわけである。そうしてみると、新宿には、諏訪・天神様などよく知られる神様を祀る神社があちこちにある。

つまりは、様々な土地の人がやってきて、土着していったことを示すものであろう。文字史料には残らない時代にも、新宿には多くの人の営みがあったのだ。

なんだかよくわからん戦国時代

さて、もともとが群雄割拠だった関東地方。戦国時代もやっぱりそのまま群雄割拠が続いていた。関東地方という視点で記せば、江戸城を築いた太田道灌だったり、後北条氏だったりとダイナミックな動きはあるが、当時の新宿という視点でみれば、比較的地味である。室町から戦国時代にかけて、現在の新宿区にあたる地域を支配していたのは、牛込氏と呼ばれる一族であった。この一族は、もとは大胡氏といい上野国は赤城山の南に勢力を持つ豪族であった。もとは、俵藤太秀郷の後裔を称していたが、実際のところはわからない。この豪族が、大胡重行の代に北条氏康の招きを受けて牛込に移り、牛込氏を称したとされる。もっとも、これは江戸時代に編纂された『寛政重修諸家譜』に記されているもので、いわば自称。やっぱり実態はわからないが、ともかく牛込に拠点を移して後北条氏に仕え、江戸時代には旗本として存続したことは確かである。その一族が栄えた歴史を残すのが、故郷にあった赤城神社を勧請し創建されたとする赤城神社である。

その近くには、一族の拠点として牛込城が築かれたという。ただ、築かれたというが、どこにそんなものがあったのかは、いまではまったくわからない。戦国時代の城なので、立派な天守閣なりなんなりがあったわけでもないし、その後の宅地開発でまったく消滅してしまったということだろう。もっとも、近辺には上杉氏によって築かれた筑土城（こっちは筑土八幡神社あたりと推定）があったりと、幾度も城が築かれたようである。そのあたりを見渡すと、今でも神田川に向かって谷が刻まれているわけで台地の上に城を築けば、真下は低湿地の谷底。攻めるに難く守るに易しであったことは間違いないだろう。

そんな土地でダイナミックな争いこそ起こらないものの、武士の定番で土地やら水、あるいは女を巡って、日々殺し合いみたいな緊張感のある日常は続いていたのであろう。そんな時代が続いた後に、江戸時代を迎えてようやく新宿が本当に繁栄する時代が始まることになるのである。

巨大都市「江戸」の誕生でのどかな田舎の景色は一変

文字通りの大開発が行われた家康の関東入府

今の東京は巨大都市であるが、始まりはほとんど罰ゲームかなんかである。いうなれば「チミには期待しちょるよ！」とかいわれて、支店長でも任されて、やってきたのが、今のタワーマンションなどができる前の、倉庫とオンボロ団地しかない頃の豊海あたりだったみたいなものである。完全に島流し同然なのだが、ほぼゼロスタートから街をつくり、幕府をつくったんだから、やっぱり徳川家康はスゴイのである。

いやいや、ゼロというよりは、ほぼマイナスかもしれない。家康がやってきて見た風景を考えると、そうとしか思えない。日本橋も京橋も銀座もなくて完全に海。その海は、馬場先門あたりまで入り込んでいて、あたりは葦の生い茂る荒れ野原だったのだ。

前述のように、台地の上には人が住んでいるところがあったけれども、あくまで点在している程度に過ぎなかった。当時の江戸城も、いわば砦に毛の生えたようなもので、城内の建物も茅葺きで荒れ果てており、城下町も町屋が百軒程度あったに過ぎなかったという。既に存在していた四谷・牛込・角筈も、単なる村であった。四谷はこの時代から、既に甲州街道の出入り口にあたる村だったが、その街道も整備されているわけではなく単なる一本道。甲州のほうから、藪の深い道を抜けてやってくると四軒の民家があって、そこで旅人が休んだことから、四谷という地名になったとも伝わっている。

さて、そんなところから始まった江戸の街づくりは、江戸幕府の始まりとともに急ピッチで進んでいく。山が崩されて、低湿地は埋め立てられ、人通りが多くなる。江戸城の大手には、川が流れていて不便だと橋が架けられる。それが、日本橋の始まりである。この日本橋を起点として、１６０４年には五街道が定められる。そのひとつが、甲州街道であった。街道沿いには一里塚が築かれ、現在の新宿4丁目にある天龍寺にも、甲州街道の一里塚が築かれた。のちに、江戸の町の数は1700に達するが、その中でも寛永年間までにできた300あまりの街は「古町」と呼ばれて、別格の扱いを受けた。将軍の代替わりの時に、城内で催される猿楽の見物を許されることなどが、それである。そうした街は、日比谷や日本橋が多かったのだが、新宿区内の四谷伝馬町、市ヶ谷田町、船河原町の三町もその中には入っていた。そこからは、これらの街が甲州街道の整備とともに街道沿いの街として急速に人が住まうようになった土地であったことがわかる。こうして、人の出入りの多い甲州街道沿いを始まりに、新宿は荒野原の中の村落から、街へと徐々に発展していくことになった。

振袖火事と人口の増加

より、新宿区内が街らしくなっていくのは、城下町の整備に続いて江戸城の工事が本格化してからであった。城の整備とともに、城内となった地域にあった寺や大名屋敷の移転が進んでいく。その移転地となったのが、牛込近辺だったというわけである。最初に移転したのは、田安にあった宝泉寺や竜門寺といった寺であった。寺の移転は寛永年間の整備で本格的に行われ、現在の麹町あたりにあった多数の寺が外堀を築くために、現在の須賀町や若葉へと移転させられた。現在も、このあたりに寺院が集中しているのはそのためで、かつては寺町という通称もなされていた。

こうして、江戸城の整備とともに現在に続く東京の街の原型ができ上がっていったわけだが、その最後の大規模工事となったのが寛永期天下普請だ。寛永の天下普請は何度かにわかれて行われたが、１６３６年からの工事では、飯田橋から四谷、赤坂へと掘り抜く工事が行われた。窪地や渓谷を利用しながら、それらを繋げて石垣が築かれて、城門が設置された。この整備によって、牛込や四谷の街の方向性は定まったといえる。それまでは、発展しつつある江戸の街から外れた場所にあった地域が、江戸の街の一部として取り込まれたのだ。

こうして原型ができ上がった江戸の街をさらに発展させる契機となったのが、１６５７年の明暦の大火である。俗に振袖火事と呼ばれるこの火事は、１月18日に本郷丸山本妙寺から出火。おりからの強風に煽られてたちまち燃え広がり、江戸市中の3分の2を焼き尽くした。火事の跡には大雪が続いたため、餓死や凍死する者も相次ぎ犠牲者は十万人にも上ったという。天守閣まで燃えた大火を受けて幕府は、防火も視野に入れた市街地の復興に乗り出すことになった。

新宿区内でも、あちこちに火除明地が設けられたが、それとともに火事で家を失って移住する人も増えた。これ以降、外堀に沿って町屋の数も増えていった。

新宿区内は、大名屋敷や武家屋敷、寺町に並んで町人の住居も広がる郊外都市として、人口を増やしていったのである。ただ、江戸の庶民が住まう中心である城東に比べると人口はまだ少なかったのか、五代将軍綱吉が生類憐みの令を発布した時には大久保と四谷には犬屋敷が設置されている。

古い地名が多く残る新宿区

大火後の人口増に伴って、江戸の新たな悩みとなったのが飲料水の確保だった。もとより、武蔵野の末端を埋め立てて拡大した江戸の街は飲料水が乏しい地域だった。これに対処するため、まずつくられたのが神田上水である。井の頭池から開削した用水は、途中で善福寺川・妙正寺川と合流し目白台下でせき止められる。当初は神田上水で間に合っていた水は、人口増によって不足するようになった。そこで、１６５４年に新たに建設されたのが、玉川上水である。これは、多摩川上流から、四谷大木戸まで50キロあまりを素掘で通すもの。四谷大木戸から先は暗渠となって四谷門外まで続き、そこからは木樋で配水されるようになっていた。現在の新宿区文化会館がある場所には、水番小屋があり、ここで給水の調整が行われていた。そのこともあってか、幕府より与えられた資金では足りず私財をなげうって上水を築いた玉川兄弟の功績を称える記念碑は、今も残っている。

この時代の町の配置は、新宿区でも牛込あたりでは色濃く残っている。筆者も長らく、新潮社の裏、住所でいえば南榎町に暮らしていたことがあったが、このあたりは、完全に町の配置が江戸のままである。古地図と見比べると、道はそのままだし、かつての大名屋敷の敷地のまま、現在はマンションになっている土地なんかもざらにある。とりわけ、住居表示に伴う新町名案を拒否して古い町名のままになっているところも多いので、江戸時代はどうだったかが容易に想像できる。例えば、区民センターの名前にもなっている箪笥町。大江戸線の駅は牛込神楽坂駅なんていうありきたりな名前にしているが、もともとは幕府の武器をつかさどる具足奉行・弓矢鑓奉行組同心の拝領屋敷があったことに由来するものだ。幕府の武器を総称して、「箪笥」と呼んだことから牛込御箪笥町となり、現在は箪笥町になった。納戸町・払方町・細工町は、将軍の使う金銀・衣服・調度の出納や大名旗下の献上品・将軍の下賜品を取り扱ったのが納戸であり、その内の下賜品を取り扱ったのが、払方。細工は江戸城内建物・道具の修理・製作に由来するもの。二十騎町は先手与力が二十人居住していたというわけ。南山伏町・北山伏町・市谷山伏町は、これまた山伏や修験者が居住していたことに由来するものである。

あとの章でも述べていくが、東京の中でも牛込は奇跡的に古い町名がそのまま使われていて、かつての江戸の風景を偲ぶことができる。こうして牛込や四谷を拠点に発展していった江戸の街は、中期以降さらに膨張する。そして、新宿区の名前の由来でもある内藤新宿の誕生に至るのである。

江戸時代初期までの新宿の歴史

旧石器時代	落合地区や百人町などで後期旧石器時代の石器が確認される
縄文時代	神田川・妙正寺川沿いを中心に集落が営まれる
弥生時代	後期以降、神田川・妙正寺川沿いに大規模な集落が営まれる
古墳時代・飛鳥時代	牛込・市谷の台地上にも住居跡が出現
940年	平将門の乱が鎮圧される
1083年	源義家が安芸国厳島神社を勧請し現在の厳島神社（抜弁天）となる
平安時代後期	秩父平氏が入間川（江戸川）沿いに勢力を拡大 豊島、江戸、葛西氏などの秩父一門が進出
1382年	牛込氏の祖・大胡氏、武蔵国牛込に移る
1457年	太田道灌、江戸城を築く
1590年	後北条氏が滅び徳川家康が江戸に入る 内藤清成、四谷に屋敷を拝領 神田上水造成開始"
1602年	大久保鉄砲百人組、大久保に組屋敷を拝領
1603年	徳川家康、江戸幕府を開く
1604年	五街道・諸街道を修理し一里塚を築く
1616年	甲州街道の四谷大木戸を設置
1636年	江戸城外堀の牛込～赤坂間、牛込・市谷・四谷の枡形石垣が作られる 高田馬場の造営開始
1654年	玉川上水、羽村から四谷大木戸まで開通
1694年	生類憐みの令により大久保に犬屋敷が設置される
1699年	内藤新宿が完成する

※新宿区史年表などより作成

現在の新宿はここから始まった。現在の丸ノ内線新宿御苑と四谷三丁目の中間当たりにあったこの関所に合わせて宿場が作られたのだ

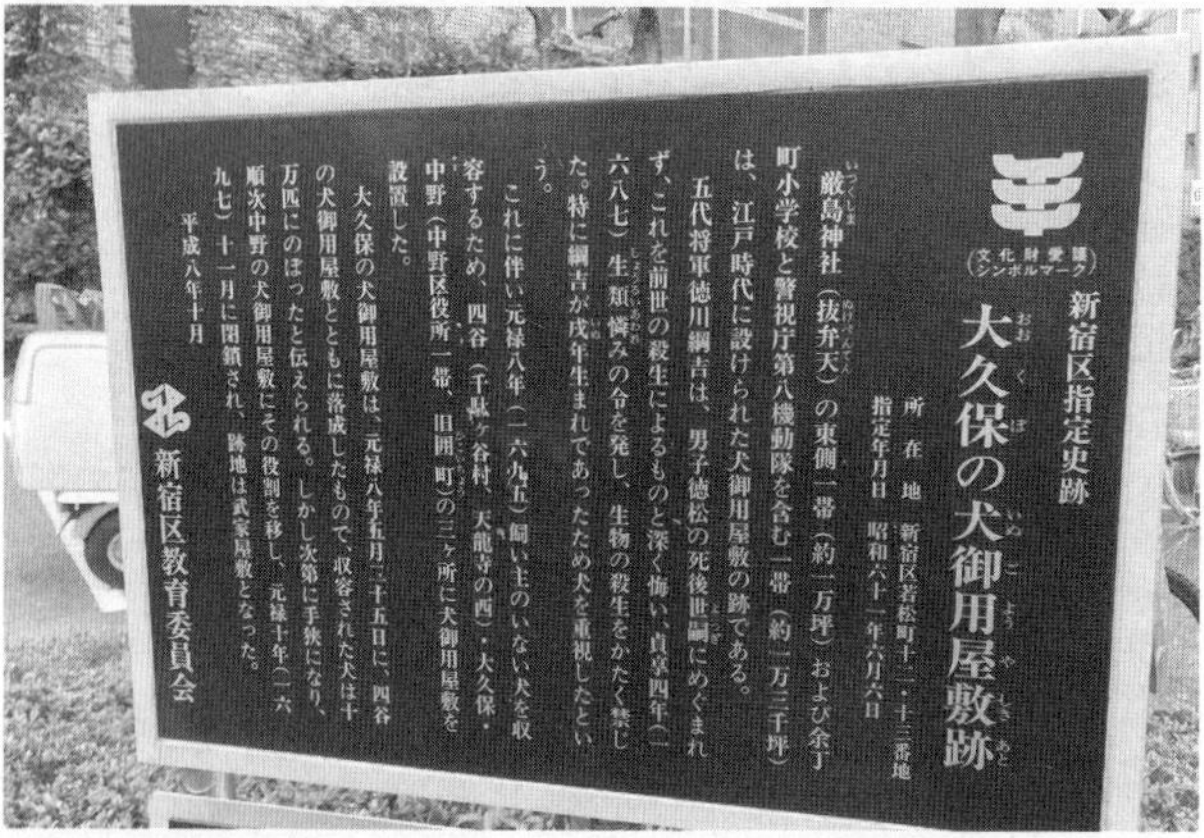

5代将軍綱吉による生類憐みの令で作られた「犬御用屋敷」、つまり野良犬などの保護施設は新宿区域にも。当時は田舎だったのだ

郊外の歓楽街として人気を集めた内藤新宿

宿場町としての力は弱かったが

新宿の始まりは、内藤新宿から。この今の地名にはない「内藤」とは人の名前である。徳川家康が江戸に入って間もない1591年に、家臣の内藤清成に馬を走らせて回れるだけの土地を授けた。この時に清成は、東は四谷、西は代々木、南は千駄ヶ谷、北は大久保にまでおよぶ広大な土地、つまり今の新宿区一帯を賜ったのである。後に、内藤家は清枚の代に信濃高遠藩3万3000石を与えられ、この時に下屋敷となったのが新宿御苑の始まりである。

さて、広大な土地を得た内藤家であるが、その傍を通っていた甲州街道が整備されると、幕府は一部を返還させて宿駅を整備した。ゆえに、ここは内藤新宿と称されるようになったというわけである。甲州街道は「甲州」とはついているけれども、実際には甲府から先、さらに下諏訪へ至り中山道と接続する幹線である。東海道と並んで行き来する人は多い。当初、日本橋からの最初の宿場が設けられたのは高井戸であった。ところが、日本橋から高井戸まではおおよそ四里と三町。メートル法では16キロあまりもある。この間を、一度も宿場なしでというのは、なかなかしんどい。そこで浅草阿部川町の名主だった喜兵衛という者が仲間たちとともに四谷に宿駅をつくることを願い出たのである。これを幕府は認めて1698年に許可を受ける。この時、喜兵衛らは5600両を納入することで営業権も獲得する。ようは、それだけ払っても、十分に見返りはあると踏めるくらいに交通量は多かったということだろう。

内藤家の屋敷地の一部も組み込んでつくられたのは、幅五間半の街道に東西九町南北一町あまりの宿場。今の伊勢丹新宿店付近が、その中心である。喜兵衛は名を高松喜六と改めて名主となった。

この甲州街道、江戸時代初期はどちらかというと地味な街道であった。参勤交代で使う大名も少なく、旅人の数も決して多くはない。というのも、もともとは江戸と甲州を結ぶ軍事的目的を主眼としていたもので、いざ将軍が江戸城から脱出する際の経路として整備された側面が大きかったからだ。だが、江戸の街の発展とともに、その様相も変わっていく。街道沿いの農村で生産されたものが、消費地である江戸へと運ばれていくためのルートになったというわけである。ゆえに、内藤新宿は大金を払ってでも十分に見返りのある宿場として始まったのである。その目論見通りに、瞬く間に宿場は多くの利用者で賑わうようになった。人がたくさん集まるところには、サービス業が必然的に発展する。この時代であれば、まずは酒に女に博打である。そのいずれもが賑わうが、中でも飯盛女は、大いに栄えた。江戸時代、幕府の公認した売春は吉原に限られていた。とはいえ、男性人口の多い江戸の町が吉原だけで需要を満たすことができるわけもなく、私娼屋が次々と生まれていく。ひとつが、岡場所であり、もう一つが飯盛女だったのだ。飯盛女というのは、本来は名前の通り宿屋で飯の世話などをする奉公人のことを指す言葉であったのだが、次第に宿場町が発展していくと、商売上の競争や儲けの確保のために売春婦を置くようになる。そんな時に、お上の目を誤魔化すために飯盛女と称していたというわけである。

これは、宿場町であればどこでもある職業だった。最大のものは、東海道にある品川宿だったが、板橋宿・千住宿にももちろんあった。そんな当たり前の飯盛女だったが、そのために内藤新宿は一時は危機に陥ってしまうことになる。

潰されても懲りないエロスの桃源郷

内藤新宿は、宿場町としてだけでなくレジャーランドとしての機能も備えていた。江戸の街からほどよく離れており、「女遊び」の場所としても便利だったのだ。そうなると、街道を行き来する旅人とも相まって、街はさらに賑わうようになる。内藤新宿を開設するにあたり高松喜六らは、希望者に土地を売っていた。土地を買った者は自分で、あるいは人に貸して、様々な商売を始める。旅籠を中心にして足袋屋に髪結いに饂飩屋に酒屋……と、あちこちが大いに賑わう。江戸の男たちが「今は吉原よりも、内藤新宿がいいらしい」とやってくる。でも、あまりに賑わったら、よそから不平不満が出てくるのも当然。1702年には、吉原から岡場所を取り締まるよう幕府に願いが出されているが、内藤新宿も名指しで取り締まりを請願されている中の一つであった。現代でもそうだが、性風俗というものはガス抜きのためになくてはならない産業だ。それゆえに、たとえ法律には違反していても目立たない限りはお目こぼしされているもの。２０００年代前半には、埼玉県の西川口あたりに違法店が多数軒を連ねていたが、取り締まりがなされるまで数年間は堂々と営業していたことが知られている。やっぱり、目立ち過ぎない限りは、お目こぼしはしてもらえるものだ。そして、この内藤新宿は流行りすぎたのが悪かった。

１７１８年に、幕府は内藤新宿の廃止を命じる。そのきっかけとしては、こんな話も残されている。旗本・内藤新五左衛門の弟大八なるものは、幾度も内藤新宿で遊女遊びをしていた。ところが、ある日旅籠屋・信濃屋でなじみの女をめぐって別の客と諍いになってしまう。そして、女を強引に部屋に連れていこうとしたところを、旅籠屋の下男に殴打されてしまったのだ。殴られて這々の体で帰ってきた大八の姿を目にした兄は武士の恥であると弟を打ち首に。そのまま、首を持って大目付松平図書頭乗国の下へと赴き「自身の知行を返上するから内藤新宿をとりつぶしてほしい」と懇願したというのである。これが原因なのかはわからないが、当時幕府からは「江戸から10里を超える場所を除き、旅籠屋が1軒に付き2人以上の飯盛女を置いてはいけない」という法令も下されていたから、あまりに売春で繁盛しすぎた内藤新宿は見せしめの意味も込めて、取り潰されたということだろう。

これには、内藤新宿の人々もまいった。旅籠屋は営業できなくなり、それとともにほかの商売も客が来なくなる。あっという間に街は寂れていくばかり。どうにかせねばと、幕府に何度も再開を願い出るが、容易に許されることはない。ようやく再開が許可されたのは1772年のことである。幕府としても、交易で行きかう人が増える中で、内藤新宿がなくては交通に不便だと考えていたのだろう。この時に、まず命ぜられたのは法令の遵守。御法度からお触れまでをしっかりと守り、火災に気をつけ、遊興にも十分に気をつける等々……。とはいえ、再開されてしまえば、そんなものをバカ正直に守る者などいない。再開された内藤新宿は、江戸にもっとも近い遊里であるとして品川宿をもしのぐ繁栄を謳歌するようになった。その繁栄は拡大し、江戸後期にはもとは農村であった角筈村も住民の八割以上が商人・職人となっていたという。

江戸時代中期〜後期までの新宿の歴史

1718年	内藤新宿廃駅
1765年	牛込光照寺門前に新暦調御用所（牛込天文台）を開設
1772年	内藤新宿再開
1843年	角筈に大筒打場（大筒射撃場）を設置
1847年	内藤新宿太宗寺の閻魔大王、正受院の奪衣婆などの信仰が高まる
1854年	淀橋の水車小屋（火薬製造所）で爆発、火災
1853年	ペリー浦賀に来航
1854年	日米和親条約調印
1855年	安政の大地震。死傷者7,000人余
1858年	日米修好通商条約調印 安政の大獄による逮捕者多数
1860年	桜田門外の変
1861年	内藤新宿で火災。旅籠の半数以上が焼失
1867年	大政奉還
1868年	明治元年。江戸城の開城が決まる 江戸が東京と改称。東京府が置かれる

※新宿区史年表などより作成

時代の変化で一度廃れた新宿に工業化をもたらした明治時代

広大な武家屋敷の利用方法

明治維新を迎え1868年に東京府が設置されると、新宿区内は寂れた。それまでの幕藩体制が解体されたことで武家、さらには寺社も糧を失ってしまったからである。行政の区割りはめまぐるしく変化したが1878年11月になり、当時の東京府は15区6郡の形にまとまる。この時、今の新宿区内は四谷区・牛込区と南豊島郡となった。さらに1889年に東京市が設置されると、四谷区・牛込区はその中の区とされた。

こうした中で、多くを占めていた武家地は様々な形で転用されていくことになる。まず多かったのは、土地の広い大名屋敷の陸軍用地への転用である。1

873年には、尾張徳川家の下屋敷であった戸山山荘が陸軍用地となり、戸山学校として軍隊教育が行われる施設となった。同じく尾張徳川家の上屋敷だった土地は、陸軍士官学校となった。後に昭和になって士官学校が移転した後も、陸軍省と参謀本部の用地となり、現在は防衛省が設置されている。これまた、尾張徳川家の中屋敷であった場所は陸軍経理学校となった（現在の東京女子医大などがある土地である）。

新宿御苑も、現在の公園となるまでは複雑な経緯を辿っている。まず1871年に大蔵省が内藤家より土地を買収。ここに農事修学所が設置されて、小麦などの穀物、果実、缶詰製造や牧畜などの研究が行われ、東京大学農学部の前身となった。その土地が1879年に宮内省に移管され植物御苑となり、1906年に新宿御苑とされて現在に至っている。

都心にも近く、広大な土地を持つ新宿の大名屋敷跡は、様々な施設の建設を急ぐ新政府にとっても重要視された。広大な土地が確保されたことで刑務所も建設され、1870年には東京監獄が開設。1875年には市谷監獄も開設された。ややこしいが、前者は司法省の所管する施設で後者は警視庁所管である。

前者は幸徳秋水らが処刑されたこと、後者は高橋お伝らが処刑されたことで知られている。東京監獄は１９３７年に巣鴨に移転するまで長らく続いたことから、靖国通りから抜弁天へ続く道はかつては刑務所通りと呼ばれていた。現在でも、跡地の富久町児童遊園は、刑死者の慰霊碑があり、往時を語っている。

急速に工場と宅地が増えた新宿区

明治時代の特徴は、新宿区のような今となっては都心にあたる土地にも次々と工場が建設されたことである。その前段として、新宿区には早くから鉄道が敷設された。１８８５年３月には、日本鉄道株式会社が赤羽〜品川間に品川線を開業し、新宿駅が建設される。これが、現在の山手線の始まりである。１８８９年には甲武鉄道株式会社が新宿〜立川間に甲武線を開業。ここに、新宿区は輸送の結節点としての地位を高めていくことになる。

そうした時代に、新宿区のあちこちでは工場を建設する動きが見られた。１８７１年には牛込揚場町に嵾盟社という工場が建設され、本邦で初となる石鹸製造に着手している。明治初期には、石鹸の製造は最先端の産業であり、1890年には花王石鹸が現在の新宿4丁目に工場を建設している。

現在も巨大な施設を持つ、大日本印刷の前身である秀英社が市谷加賀町にやってきたのは1886年のこと。このころ、三菱鉛筆の前身である真崎鉛筆も内藤町に工場を建設している。さらに、煙草工場も生まれ、1910年には東京地方専売局淀橋工場ができるなど、新宿区はまず一大工業地帯として発展していったのである。

こうして工場が増え人が集まれば、繁華街もできる。まず、明治になり繁栄を迎えたのは、神楽坂である。このあたりには江戸時代中期から岡場所が賑わっていたが、明治になると三業地として十数軒の待合ができた。だが、今でこそ神楽坂の芸者といえば高級なイメージがあるが、この時代はあくまで二流。あぶく銭を抱えた人が遊ぶ場所であり、新橋や柳橋には遠く及ばなかった。同じく繁華街となったのが、甲州街道沿い。その中心は四谷で、よその土地よりも物価が安く人が集まっていたと伝わっている。

工場とともに、宅地化も明治時代から早くも始まっていた。それまで農業を営んでいた、大久保や落合の人々も農業をやめて土地を貸したり、分譲して地代で稼ぐようになっていった。とりわけ変化が大きかったのは、新宿駅周辺である。鉄道が開業して、駅ができた頃の新宿駅周辺は全くの町外れだった。駅から四谷大木戸までは江戸時代と変わらない風景が続いており、時代から取り残された土地になっていた。大久保のほうも、その頃はまだうっそうと茂った森と田畑があるだけだったという。それが、都市の拡大とともに急速に宅地へと変わっていったのだ。大正時代に入ると、かつての内藤新宿はすっかり宅地になり住人は通勤者が大半を占めるようになっていた。大久保もまた、1914年に新宿から万世橋へと向かう市電が開通したことで、完全に宅地へと舵を切った。それでも落合の西部では、農地は残っていたが、そこで生産されるのもまた、都市で消費される商品作物が主体だった。

巨大な貧民窟を抱えた光と影

発展の中で、新宿区域は急速に人口を増やした。1882年の人口は四谷区が2万3193人。牛込区が3万5120人。これが、1915年になると四谷区が6万2067人。牛込区が15万6278人まで増加する。ほぼ飽和状態を迎えて、隣接する内藤新宿が宅地化されていくのは、必然であった。これを受けて、1920年には内藤新宿の四谷区への編入が実施される。新宿区域の発展は留まるところがなかったのである。

だが、光あるところには影がある。人口増とともに新宿区域には貧民窟も生まれた。四谷鮫ケ橋と呼ばれるそこは、下谷万年町・芝新網町と並ぶ東京三大スラムのひとつであった。このスラムは、現在の四ツ谷駅・四谷三丁目駅・信濃町駅周辺。若葉2、3丁目、南元町一帯に広がっていた。もとは谷底の低湿地で住む者も少なかった土地ゆえに、江戸時代から岡場所と貧民窟が広がっていた。その岡場所も「花散里は吉田町鮫河橋」と呼ばれる最下層の場所であった。明治になり産業が発展すると、都市に流入する人口の中にも、ここへとたどり着く者が増えた。陸軍士官学校寄宿舎から出る残飯を売る商売があり、それで飢えをしのぐ人が多かったという。この貧民窟も都市の更なる拡大とともに解体されるが、ドヤを中心とした貧民街は21世紀くらいまで新宿に残った。

明治～大正までの新宿の歴史

1871年	牛込揚場町に鱗盟社の石鹸工場開設
1875年	尾張徳川家上屋敷跡に陸軍士官学校開設
1879年	内藤新宿の内務省勧業寮農事試験場が新宿植物御苑となる
1882年	東京専門学校（現・早稲田大学）創立
1885年	新宿駅開業
1889年	甲武鉄道（現・JR中央線）新宿～立川間開通
1896年	南豊島郡・東多摩郡を廃し、豊多摩郡が誕生
1899年	淀橋浄水場開設
1903年	東京市街鉄道、新宿～半蔵門間開通
1915年	京王電気軌道（現・京王線）新宿追分～調布間開業
1920年	内藤新宿町、四谷区に編入
1923年	関東大震災

※新宿区史年表などより作成

関東大震災後の再開発で人口が急増 新宿の宅地化が本格的に進行する

合併で東京市入りを狙う各エリア

１９２３年9月1日の関東大震災で東京は壊滅した。でも、新宿区域には、ほとんど被害がなかった。四谷区で52戸、牛込区で２６２戸の家屋の全壊が記録されているが、火災はほとんど起こらなかったのだ。この関東大震災を契機として、新宿区域はさらに人口が増加することになる。城東で家を失った人が、新天地を求めてやってきたわけだ。それまでも、人口は飽和状態だったわけだが、ここにきて溢れる人口は、大久保や落合のほうへと広がっていく。

ところが多くの人口を抱えているにも拘わらず、震災復興による近代化は東京市部に重心が置かれていた。豊多摩郡に属しているそれらの地域は、あまり恩恵がなかったのである。

当時の「東京市統計年表」によると、関東大震災後には人口が急増したことがよくわかる。とりわけ落合村は1925年には2万3354人だった人口が1930年には30万5933人と急増している。この地域も、四谷区・牛込区から連なる市街地に次第に組み込まれていたのだ。この市街地の拡大を受けて、郡部では東京市への合併を求める声が強まっていく。1931年6月には、東京市への合併を求める郡部の人々によって隣村町村併合促進同盟会が結成され行政への働きかけが本格化する。この組織は、さらに東京市郡併合期成同盟として、より運動を強めていく。

この時期、行政の側にも周辺郡部の合併を促進する動きは強くなっていた。既に関西地方では大阪市・京都市が周辺地域との合併による拡大を進めていた。とりわけ関東大震災以降、東京市は大阪市に人口を抜かれていた。昭和初期の大阪は「大大阪市」として、東京を凌ぐ繁栄を遂げており、東京市は帝都として、大阪に負けられない焦りがあったのである。

こうして1932年4月、東京市は各郡の人口をもとにした新設20区の市域拡張案を府知事に示す。この際には、淀橋町・大久保町・戸塚町を合併し淀橋区を設置する計画が示されている。なんと、当初案では落合村は入っていなかったのだ。というのも落合村は、戸塚町とは関係性が深いもののほかの地区とはむしろ希薄で、野方や中野のほうに近いと考えられていたためだ。現在でも、落合というのは「ここは、ホントに新宿区なのか」と首を傾げるほど中野色の強い地域だが、あわや中野区になる可能性もあったわけだ。

実際、各地域は東京市に入りたいとはいうものの、利害が一致していたわけではなかったのだ。淀橋町の理想は四谷区と単独で合併すること。大久保町も四谷区との合併を要求。戸塚町は牛込区への合併を要求。で、落合村はといえば、戸塚町と合併して東京市入りを目指すか、あるいは野方町と合併するかをめぐって運動が対立している状況であった。ようは、どこの地域も団結して東京市入りを目指すというよりは、自分のところが美味しいのを狙っていたのだ。

こうして様々な運動の末に、１９３２年10月１日より、東京の新20区のひとつとして淀橋区が誕生、無事に東京市への編入が達成される。最終的に落合村が淀橋区となったのは、郵便事務上の都合で、こちらのほうが便利という意見が採用されたからだという。

昭和初期の大発展と戦災での壊滅

ともあれ、人口五万余人を数えて成立した淀橋区は、既に盛り場となった新宿を中心として繁栄を遂げていた。

シネマ見ましょか　お茶のみましょか
いっそ小田急で　逃げましょか
かわる新宿　あの武蔵野の
月もデパートの　屋根に出る

1929年の日活映画『東京行進曲』で佐藤千夜子が歌った同名の主題歌は、今もよく知られるところだが、つい数年前までうっそうと茂った森の上に出ていた月が今はデパートの上にという具合。当時の資料を見ると、賑わう建物だけでも二幸に武蔵野館に、新歌舞伎座、三越と数限りない。なにせ、この頃になると既に新宿駅の利用者は毎日20万人を超えて日本一の駅になっていた。省線の山手線・中央線に加えて、小田急と京王電車。そして、西武電車。それに都電なんかも走っている。

郊外からやってくる客を迎え入れる新宿にはモダンな建物がどんどん増えた。1923年に開店した三越マーケットは、幾度かの移転を経て三越新宿店として1930年に新宿大通りに開店。当時としては最先端の地上8階地下3階の鉄筋コンクリートの建物であった。さらにモダンなのが1928年にできた新宿武蔵野館。今も同じ土地で映画館を営んでいるが、当時は円形天井に1200席を備えた映画館。1929年には日本で初めてトーキー映画を上映し行列は絶えることがなかった。少し遅れて1933年に開店したのが伊勢丹。この隣には、新宿のデパートの先駆けである1926年開店のほてい屋があった。ほてい屋は安売り商法で当初は大いに賑わっていたのだが、競合店が増えると業績が悪化。1935年には隣の伊勢丹に買収されて一体化した。その通りを挟んだ向かいにあったのは1931年開店の日活の封切館・帝都座。ここは映画館に加えてダンスホールやレストランもある総合ビル……と、新宿は瞬く間に巨大な歓楽街となっていた。

新宿駅周辺が、この頃から大いに繁栄していたことは、よく知られているが、繁栄していたのは、新宿駅のまわりばかりではない。まずは大久保。もともとは、戸山ヶ原を中心とした軍人町。陸軍射撃場・陸軍科学研究所・陸軍技術本部などなど各種の施設が並び、そこに勤務する人々で賑わう町。もとは郊外だった施設の周辺も、徐々に住宅が建ち並び、住宅地へと変貌を遂げているという具合。そう、変わったといえば、早稲田大学のある戸塚もそう。もともと、大学のできた当初は、周囲は水田もあるような具合。「ワセダのモリ」とはいうが、森どころか田んぼの中に校舎が立っていたのである。それも淀橋区誕生の頃になると、ガラリと変わった。数百軒もの下宿屋が軒を連ねて、学生相手に喫茶店やら本屋やらが並ぶ、学生街を軸にした新興住宅地が生まれていたのだ。この頃の市電の路線図を見ると、大久保や戸塚あたりは現在よりも交通の便がよく見える。今は副都心線が走っている明治通りの上を市電が新宿から池袋までを繋いでいる。今は都電荒川線東京さくらトラムになっている路線も、早稲田で終わらずに江戸川橋まで続いている。以前、鶴巻町あたりに住んでいる人に話を聞いたことがあるのだが、なんでも戦後間もなく商売の都合で引っ越して来た時は「停留所の前ですごく便利だったんだが……」という具合。ようは、新宿区域は昭和初期の状況がひとつの理想型といえるというわけだ。

そう、この頃には歓楽のみならず文化レベルの高い街づくりも始まっていた。目白文化村がそれである。目白とはいうけど、落合が中心であり誕生の地である。これは１９１４年に堤康二郎が下落合の大地主宇田川家から広大な土地を購入したのに始まるもの。当初は箱根に土地などの事業拠点を置いていた堤だが、１９２２年から住宅地の分譲を始める。都心に近いが風光明媚。なにせ、当時は丘もあって展望が開ける土地とされていた。既に西武電車はあるし、将来的にはさらに発展が見込まれる。そんな土地は富裕層相手によく売れた。

そうした都市も太平洋戦争によって、ほぼ灰燼に帰した。新宿区域は度重なる空襲で面積の九割を焼失。１９４０年に三区合計39万４０００人だった人口も終戦直後には11万１０００人に減少してしまった。文字通り焦土となり果てたのである。

関東大震災～終戦までの新宿の歴史

1925年	新宿駅東口に新駅舎落成
1927年	小田急線新宿～小田原間、西武鉄道高田馬場～東村山間開業 紀伊國屋が薪炭問屋から書店に転業
1930年	三越新宿支店営業開始
1931年	新宿駅の乗降客数が、初めて日本一となる
1932年	35区制実施。淀橋、大久保、戸塚、落合の4町が合併し、淀橋区が誕生
1933年	伊勢丹新宿店開業
1937年	市谷の陸軍士官学校が座間（神奈川県）に移転、跡地に陸軍省・参謀本部設置 日中戦争始まる
1941年	太平洋戦争始まる
1942年	牛込区が空襲を受ける
1943年	東京都制施行
1944年	建物、学童の疎開が始まる
1945年	山手大空襲。四谷・牛込・淀橋区の大半が焼失 8月15日終戦

※新宿区史年表などより作成

合併と文化で理想都市を目指し戦後復興の原動力となった新宿

ついに「新宿区」が誕生

灰燼に帰した東京の復興において行政が求めたのは、東京35区の再編であった。各区ともに人口は激減し財政は窮乏しており、復興に対処することは困難だった。そのため、各区を合併することで財政の安定が求められたのである。

東京都区域整理委員会は、様々な案を出していた。12区移行案は、四谷区・牛込区・小石川区（現在の文京区の西側）・淀橋区・豊島区の５区をひとつにする案で、都市計画を強力に推し進めることができるという意図があった。一方、25区移行案は、四谷区・牛込区・淀橋区の３区をひとつにする案で関係性の低い地域との極端な合併を避けるというものであった。さらに淀橋区内では一部を渋谷か中野に合併するという案もあった。一方で牛込区・四谷区には文京区や千代田区との合併を目指す動きもあった。今でもそうであるし、この本では後の項で記していくが、そうした対立が起こるのも当然。牛込区や四谷区と、新興の淀橋区とは、まったく違う雰囲気であるし、親しみも薄かった。

とりわけ対立が強まったのは、三区の合併が具体化してからの新区名であった。三区の協議では、新たな区名は従来の区名を用いないことは決まった。その上で示された新宿区という名称に、牛込区では反対論が根強かった。内藤新宿という地名は古くからあるし、新宿御苑は有名。新宿駅も空襲では焼かれたが、繁華街として復興を遂げつつある……が、牛込区にはまったく関係ない話。むしろ、そんな郊外……いうなれば東京の田舎の地名をなんで用いなければならないのかと反発したのである。この時の東京35区の再編は、どこも2区合併。新宿区だけが例外的に3区合併のため、余計にもめ事も多かった。それが新区名をめぐって噴出したといえる。当時、人気一位は戸山区。ほかに早稲田区、花園区、柏木区など様々な案が示されていた。混乱を経て、１９４７年3月に、現在の新宿区が誕生。区役所は箪笥町の旧牛込区役所に設置される。今の大江戸線牛込神楽坂駅の上に立っている牛込箪笥地域センターの場所である。新たな行政機構が誕生しても、新宿区は復興に向けて様々な問題に対処しなければならなかった。

不法占拠の闇市から始まった復興

新宿の復興スピードは、驚くほどに急ピッチだった。終戦からわずか五日後の１９４５年８月20日には「光は新宿より」のスローガンを掲げて関東尾津組組長・尾津喜之助が仕切る闇市・青空マーケットが誕生する。尾津は同年の10月には東京露店商同業組合の理事長に任命されている。ようは警察から治安維持をまかされたわけである。この当時、闇市を中心に復興を図る東京の街は、どこも同じような問題を抱えていた。博徒・テキヤ・愚連隊・三国人（朝鮮、台湾といった旧植民地など、戦勝国でも敗戦国でもない国の出身者を第三国人と呼称した）・華僑とあらゆる勢力が、入り乱れる弱肉強食の世界であった。

終戦からわずか五日後に闇市が始まったというのは驚きだが、尾津が露店の許可を求めて淀橋警察署を訪ねたのは終戦の翌日であった。これに応じた署長の安方四郎は、それに賛同しバックアップを約束したことが知られている。この青空マーケットがあったのは現在の中村屋などがある場所。当時は、建物疎開や空襲で空いていた土地であった。当初はよしず張りだった露店は、1945年末に火災に遭った後、木造屋根付きのものへと改築される。ちなみに警察の全面協力で運営されているが、土地は不法占拠である。このため中村屋はビルが残っていたが、営業が再開できないという状態になってしまう。ひとまずは裏手の土地を借りて、営業を再開したものの、占拠されている土地をめぐり争いは続いた。1947年になり、社会が安定してきたのをみた警察は、規制を強めて尾津が土地返還の交渉を巡って中村屋を恐喝したとして逮捕する。これを機に尾津組は解散し、尾津組商事として正業に転じるのだが、この時に淀橋警察署長であった安方は同社の専務に就任している。

この青空マーケットは、終戦直後に誕生したことで名を知られているが、ほかにも新宿駅周辺には巨大な闇市が広がっていた。新宿駅南口周辺には約400店が入る和田組マーケット。青梅街道から西口にかけては300店が入る安田組マーケットがあった。それらは、戦後復興による区画整理によって、徐々に整理され移転していく。マーケットの商店は土地を所有していたわけではなかったのだが、行政から換地を与えられての移転である。まさに「戦後のドサクサ」とは、これである。この課程で1945年に和田組マーケットの商店が、三光町の新宿市場跡に移転したのが、現在のゴールデン街の始まりである。ここには、新宿2丁目の遊郭周辺にあった商店も移転してくるが、いずれの商店も駅や遊郭といった人の集まる施設から離れて立ちゆかなくなった。そこで、商売替えをしたことで、この地域は青線地帯として売春防止法の施行まで存続していくことになるのである。一方、西口の安田組マーケットは、戦後復興事業での街区変更がほとんどなかったことで、長らく存続していく。現在の思い出横丁の土地は不法占拠ではなく、安田組と幾人かの地主が所有していたことも、存続した理由といえる。ただ、マーケットは、交通営団や東京都の所有地を不法占拠する形で営業していた。この土地の立ち退きを巡る問題は尾を引き、新宿西口会館（現・新宿パレット）や、小田急エースが建設され商店が入居に同意するまで続いた。実に、戦後復興は1970年頃まで続いたのである。

健全な娯楽の殿堂を目指した歌舞伎町

新宿区の戦後復興で生まれたものといえば、歌舞伎町である。この場所は明治時代まで、大村藩主大村家の別邸であり、うっそうとした森が生い茂る土地だった。現在の新宿東宝ビルあたりに府立第五高等女学校（現在の都立富士）ができたのが1920年。関東大震災後には、一般の住宅も増える。

それらが空襲で焼き尽くされた後、組織されたのが「復興協力会」だった。地主や罹災した住民たちが組織した、この団体は「芸能広場のあるアミューズメントセンターを作り、さらに近代的商店街をおりまぜた香り高い都民の慰安の町」を作ろうとした。復興事業案では、大劇場・映画館・お子様劇場・演芸場・大衆娯楽館・大ソシアルダンスホール・大宴会場・ホテル・公衆浴場などを建設する案が盛り込まれた。その中心に計画されたのが、歌舞伎座と明治座の中間の観客収容数を持つ歌舞伎劇場。その名称は菊座と決まった。歌舞伎を中心とした娯楽施設の町を目指して、1948年には新しい町の名前は歌舞伎町と決められた。しかし、この建設構想はあっという間に頓挫する。

　実は、この計画のもとで劇場は着工の段階まで進んでいた。ところが当時の政府によるインフレ抑制のための臨時建築等規制と預金封鎖の金融緊急措置令によって、建設が禁じられてしまう。唯一、既に着工していた地球座（現在のヒューマックス新宿の場所）だけは建設の続行が許され完成。１９５０年４月から5月には、歌舞伎町で「東京産業文化業博覧会」が行われ、この時のパビリオンを原型として新宿ヲデオン座・新宿劇場などの劇場街が誕生。翌年には、日本最大の映画館であるミラノ座、新宿コマ劇場なども誕生する。

　焼け跡から、娯楽の町を構想した角筈1丁目北町の町会長だった鈴木喜兵衛は「東向きに芸能施設をなし、道義的繁華街を建設する」と構想を記している。その目論見通りというべきか、当初の歌舞伎町は構想通りとはいかなかったものの劇場街を中心として、健全な娯楽の町として誕生した。周囲には青線や赤線に、様々なアンダーグラウンドを抱えながらも、それらとうまくバランスを保ちながら、繁栄していたのである。そうした健全な娯楽の街という姿が影を潜めて、歌舞伎町が危険な風俗街となっていくのは、１９８０年代に入ってからであった。

オシャレ系の街並みである東口の中村屋付近だが、元はこのあたりにゴールデン街があった。戦後の混乱期は猥雑とした街だったのだ

猥雑と危険の象徴扱いされている歌舞伎町は、元々超健全な文化エリアとして作られた。危ない街になったのも割と最近のでき事だ

浄水場の移転と新宿駅の巨大化で大繁華街化が進んだ1960年代

副都心構想が現実となる

戦後復興とともに、新宿の新たな発展に向けての模索は本格化する。1954年4月、新宿区総合発展計画促進会が発足し、区の具体的な将来像の検討が始まった。ここでは様々な論点が議題となったが、具体的に求められたのは地下鉄四号線（現・丸ノ内線）と五号線（現・東西線）の建設促進。新宿駅の駅舎改造。そして、淀橋浄水場の移転であった。

淀橋浄水場は、1898年12月に通水を開始した都民の水源であった。幕末から、外国との交易が盛んになったことに伴い、東京では上下水道を整備することが急務となっていた。こうして誕生したのが、33万平方メートルの広大な敷地を持つ淀橋浄水場であった。だが、当初は遥か郊外にあった浄水場は、関東大震災後に急速に宅地の中に飲み込まれていく。このため、移転は大正時代から計画され1932年には一度、東村山市への移転が東京市会で決定している。しかし、戦争の影響を受けて、この計画は持ち越しとなっていた。それでも、都心部が拡大する中で、巨大なターミナルとなった新宿駅前に広大な土地を持つ淀橋浄水場の移転は急務であった。1956年には、都議会で移転の請願が採択され、計画は急ピッチで進むことになる。

この移転計画と並んで重視されていたのが、新宿駅の改良であった。人口の増加を受けて新宿駅も移動する人口をさばききれなくなっていたのである。つまり、淀橋浄水場の移転と新宿駅の改良を軸に、壮大な街づくりの計画が検討されていた。すなわち、新宿の副都心化計画である。

新宿副都心の計画は1958年7月に首都圏整備委員会が示したものが発端である。この委員会ではイギリスの大ロンドン計画を参考にして、副都心の整備を目指した。ここに、新宿・渋谷・池袋の三つの都市を副都心として整備することが計画されたのである。副都心という言葉は、よく耳にするが、これは都心との間に高速道路や高速鉄道によって結ばれ、時間距離を見るとあたかも都心と連続しているかのようになっている状況をつくりだすというもの。さらに、都心の機能の一部を副都心へと移転させることで一極集中に伴う問題を除去するというものである。現在では、都庁は新宿にあるし、丸の内あたりから新宿まで移動しようとしても30分程度。まったく連続した東京の街であることは誰も疑問を持たない。それは、こうした都市計画が上手くいっているというわけである。

民間主体で進んだ新宿の整備

この計画の中で、重要な交通の接続点である新宿駅の整備は進んだ。１９６３年４月に京王線新宿駅が地下ホームへ移行。１９６４年2月には小田急線も地下へ。同年5月には、国鉄東口駅舎がビルとなって完成する。現在は、ルミネエスト新宿となっているこのビルは、髙島屋の入居や西武線の乗り入れを前提として民間出資による株式会社新宿ステーションビルディングによって建設されたものであった。当初は、株主である髙島屋の入居が計画されていたものの、同じく株主となった伊勢丹や西武からの反発もあり、専門店ビルとなった。

現在は、完全に断念されたが当時は西武は新宿線の新宿駅への乗り入れを、まだ本気で考えていた。現在も見てわかるように西武新宿駅と新宿駅とは数百メートルしか離れていない。建設免許を取得していた西武にとってはなんとしても目指したい延伸であった。しかし、僅か数百メートルとはいえ、現・アルタあたりをどかさせないとならない計画は、ほぼ不可能。結果、西武新宿駅周辺には、新たな商業地が広がっていくことになった。

これとともに、駅周辺では東口では駅前地下名店街やサブナード、西口ではバスターミナルや小田急エースなどの建設が進んだ。これらのインフラ整備は民間を主体として実施され、現在でいうPFI方式の先駆けとなったものである。これとともに1965年に予定される淀橋浄水場の移転に向けて、西口開発の計画が進んだ。

高層ビル建設の本格化で街が変わる

現在の高層ビルが建ち並ぶ新宿副都心は、北の青梅街道、南の甲州街道に挟まれるように扇形に広がっている。浄水場の跡地を含めて約96ヘクタールの広大な土地の開発は、当時としては類い希な規模。そして、様々な新しい試みが行われることとなった。とりわけ、当時世界でも例を見ない開発として注目を集めたのは新宿駅西口広場である。ここでは限られた土地を使って土地を有効活用するために、立体的な駅前広場が計画された。当初の計画では地上・地下を二層構造にすることになっていたが、最終的には現在見られるように三層構造の広場となった。ここで主眼が置かれたのは、交通処理能力を高めることであった。地上では人と車の分離を進めてバス乗り場を設置。地下広場は、鉄道とバス・タクシーなどの各種交通機関相互の連絡のための通路となった。その下に、地下駐車場があるという構造である。地下広場からは、新たに建設される副都心へと向かう通路も整備された。

この新たな副都心で企図されたのは、ニューヨークのような摩天楼がそびえる街を創り出すことであった。かつての東京は、戦後復興後も平面的で空の広い街が広がっていた。だいたいの建物は平屋か二階建て。三階建ても珍しく、五階建て以上となればデパートなど限られたもので、とても珍しいものだった。これは、当時の法律で建物の高さの限度が100尺（約30メートル）に制限されていたからであった。これは、東京駅前にあった丸ビルを基準にしたもの。さらに、関東大震災の時に浅草十二階が崩壊したこともあり、高い建物は危険と考える人も多かった。つい十数年前までは「高いところは、火事が危ない」なんてことを話す老人もいたことを考えると、高層＝危険と考える人はけっこう多かったようだ。だが、高度成長期に入り土地の需要が高まると、制限を緩和して土地を有効利用することが求められるようになった。現在の法律では、巨大な建物を建設すると建ぺい率の規制があり公開空地を設置する必要がある。そうした法律のない時代には、敷地いっぱいに建物が作られた。隣近所も同じように建てるから、それぞれの建物が日光が入るのを邪魔するし、とてつもなく不便なビルが増えていった。1962年に当時の建設大臣だった河野一郎が高さ制限の撤廃を表明したのを契機として、日本でも高層ビルの建設への布石が打たれる。1968年には、日本で最初の高層ビルである霞が関ビルが竣工。現在もある霞が関ビルは36階。今となっては、さほどの高さはないが単なる高層ビルではない「超高層ビル」の先駆けであった。

1965年、淀橋浄水場の閉鎖とともに、その跡地に最先端である超高層ビルが建ち並んでいくことになる。1970年5月に公開された映画『女番長野良猫ロック』は、当時売り出し中だった和田アキ子を主演に据えた映画だが、多くのシーンで新宿ロケが使われており、梶芽衣子や范文雀らズベ公軍団のタイマンの場となるのが、まだ高層ビルとなっていない淀橋浄水場跡地である。背景には、まだ建設中だった京王プラザホテルがうつっているが、ここが数年後にはビルで空が覆いつくされるとは、にわかには信じがたい光景である。

若者の熱気で栄える街の発展

さて、こうして著しく発展の進む新宿は、若者文化の中心地ともなっていた。戦前からカフェーが多数軒を連ねていた新宿だが、戦後復興の後もその流れは継続し発展していく。カフェーのほうは、戦後は美人喫茶やナイトクラブを経て、クラブやバーとなっていく。一方、戦後、数を増したのは喫茶店である。この時代、喫茶店の需要は今よりも高かった。事務所代わりのスペースとして利用するのも当たり前。ネットどころか、電話もない人が多かったから、話をするとなれば、まずは喫茶店に集合である。それに、レコードも高く音楽を聴くにも金のかかる時代。だから流行に合わせて、ロカビリー喫茶だとか、ジャズ喫茶なんてのも増えていった。やがて、ディスコの先駆けともいえるゴーゴー喫茶。それに、うたごえ喫茶も珍しいものではなかった。銀座などに比べると一等落ちる猥雑な新宿は値段も安く若者の遊びに適した街だった。1960年代後半になると、国電の駅まわりには、シンナーを吸ってたむろっているフーテン族が出現したり、無数の若者文化が新宿には溢れるようになった。

そんな人の集う街である新宿だが、鉄道は貨物の輸送ルートでもあった。1967年8月には、立川の米軍基地向けのジェット燃料を満載したタンク車が新宿駅構内で爆発する事故が起こっている。これをひとつの原因として、1968年10月21日の国際反戦デーには、新左翼各派が新宿駅に乱入し放火する騒乱が発生。野次馬が集まり騒ぎを拡大することが、ごく当たり前だった当時、暴動は拡大しついには騒擾罪が適用される騒ぎにもなった。そんな風に「金はないけど、なんか面白いことないかな」と考える若者が集まっていた新宿の街。１９６９年になると、また新たなムーブメントが注目されるようになる。この年の２月くらいからべ平連（ベトナムに平和を！市民連合）のメンバー10人ほどが週末になると西口地下広場に現れて、プロテストソングを歌うようになる。最初は足を止める人も少なかったが、新聞や週刊誌などで知り足を運ぶ人も増えた。数千人あまりが集まり『友よ』や『イムジン河』が歌われ、活動家はカンパを集める。5月に入ると、淀橋警察署は「広場での演説、カンパ、合唱、詩集など物品販売等の禁止」の看板を掲示し排除に乗り出したが、それが余計に人を集めることとなった。そこで、この年の7月19日をもって新宿西口「広場」ではなく「通路」とした。通路であるから、すべて道路交通法違反というわけである。こうして、西口の広場は消滅したものの、それ以降も21世紀に至るまで新宿は伝統的に、革命勢力と権力の対峙の場として数々の戦いが繰り広げられていくのである。

終戦～1974年までの新宿の歴史

1947年	四谷、牛込、淀橋の3区を統合、新宿区誕生
1948年	区画整理により東大久保3丁目、角筈1丁目の各一部が歌舞伎町となる
1949年	「戸山ハイツ」竣工 新宿御苑、国民公園として一般開放
1952年	西武鉄道新宿線、新宿へ乗り入れ
1955年	トロリーバス運行開始(池袋～千駄ヶ谷4丁目間)
1956年	新宿駅西口に小田急専用乗降口開設 歌舞伎町に「新宿コマ劇場」開場
1959年	フジテレビ開局(曙橋) 営団地下鉄丸ノ内線開通。「メトロプロムナード」完成
1960年	都議会、「新宿副都心建設に関する基本方針」議決
1962年	「丸井新宿店」「小田急百貨店」開店
1964年	東京オリンピック開催 「京王新宿駅ビル」完成
1965年	淀橋浄水場閉鎖
1966年	新宿駅西口立体広場完成
1968年	十二社池埋め立てられて姿を消す 区内通過のトロリーバス廃止 新宿騒乱事件
1969年	西口地下広場反戦フォーク集会
1973年	区の下水道普及率100%となる 「新宿サブナード」完成
1974年	「ＫＤＤビル」「新宿三井ビル」竣工

※新宿区史年表などより作成

若者の集う街がバブルに前後して「危険」な街のイメージに

不況下でも発展を続ける新宿駅

昭和50年代の幕開けである１９７５年は、暗い空気で始まった。前年の１９７４年10月のオイルショックを契機に、高度成長期のひずみが噴き出し不況へと突入していた。京王線が京王多摩センター駅まで、小田急線が永山駅まで開通し、１９７５年10月には、小田急線が小田急多摩センター駅まで延伸した。これは、高度成長期に誕生した多摩ニュータウンと都心との交通網をさらに密接にするものになるはずであったが、不況の中で行きかう人の顔は暗かった。

それでも、新宿の発展は留まることを知らなかった。１９８０年には都営地下鉄新宿線が新宿駅〜岩本町駅間で開通。都営新宿線は、その後千葉方面へと延伸。京王線とも相互乗り入れすることで、新宿は東西の郊外と都心との接点となったのである。1986年には、さらに埼京線が開通し新宿は埼玉方面からも、電車一本で来ることのできる街となった。

こうして、高度成長期の狂乱は終わったけれども、新宿は新たな狂乱の時代へと胎動を始めていた。そう、バブル時代が始まるのである。

若者文化の中心地への変貌

1985年まで、日本の経済は暗かった。オイルショックは、単に原油の値上げが理由で起こったわけではなく、それまでの円高不況とシンクロしたものだった。円高不況の発端は、オイルショックよりも前の1971年8月のニクソン・ショック。それまで1ドル＝360円だった固定相場制は変動相場制へと移行。1978年には1ドルが200円を割り込むに至り、輸出産業に支えられていた日本の経済に混乱を来したのである。これが1985年9月に各国の為替レート安定化のために行われたプラザ合意を契機として反転する。日本銀行が公定歩合の据え置き、引き下げを実施したために、金利が安くなり不動産や株式への投機が活発化したのが、バブル景気の始まりである。

と、それまでの10年あまりは、不況の荒波で荒みきっていたかといえば、そんなことはない。新宿区では活発な開発が進んでいた。西口には次々と高層ビルが建設される。現在の西武新宿ペペがプリンスプロムナード・ペペとして開業したのは1977年である。この時点で西武は、新宿駅への乗り入れを完全に断念していると考えられた。それでも、バブル景気が始まると、再び新宿駅への乗り入れを計画。国鉄民営化後に国鉄所有地の売買が始まると現・タカシマヤタイムズスクエアの土地をめぐり高島屋と争った。西武の狙いは、地下を通して、ここに駅を建設することであった。だが、選考にあたった東京都が高島屋を選定したことで、西武新宿線が乗り入れる可能性は完全に命脈を絶たれることになったのであった。『笑っていいとも！』の生放送で全国に名前を知られることになるスタジオアルタが登場したのも、この時代。1980年のことである。ここは、もともとは1926年に創業した食料品販売店・二幸食品店のあった場所。それが、三越によって再開発されたのがアルタというわけである。この時に、フジテレビとテレビ東京が出資したことで、建物内に公開収録ができるスタジオが設置されたのである。これに代表されるように、80年代は新宿が若者の街として、新たな発展を遂げていく時代であった。

この頃の若者の街といえば、新宿と原宿と渋谷。高田馬場などの学生街を抱えて交通の便もよい新宿は最先端の若者文化拠点として着実な発展を遂げていた。とりわけ、人気を集めたのは1978年にオープンした丸井新宿であった。丸井が生み出したのは「借金をしてでも服を買う」というライフスタイルであった。1979年の夏からバーゲンを始めた丸井は、周辺百貨店との差別化のため、当時、流行の兆しを見せていたDCブランドの導入を拡大していった。しかし、それらの服は高い。それでも、若者が服を買うことができたのは、丸井の赤いカードの存在だ。クレジットカード、ようは月賦で服を買うという文化は、丸井から、つまりは新宿から始まったのだ。これを経てバブル時代になると、若者がクレジットカードを持つというのが最先端の流行となった。それまで、日本にあった分割払いのネガティブイメージ。すなわち「月賦なんて借金と同じ」という認識を消していったのは、新宿の狂乱からだった。なにしろ、

１９８７年1月のバーゲンでは新宿ヤング館には４５００人が行列。一番乗りは前日の夕方6時から並び、行列は伊勢丹の裏からさらに先へと延び続けていたという。それは、もはや新宿区内に留まらない新しい現象だった。

その経済の狂乱は、バブル景気の中で勢いを増す。新宿駅周辺の繁華街が賑わう一方で、変貌していたのは繁華街から少し離れた富久町周辺。あるいは、西新宿であった。繁華街からもほど近く、かつ狭小な住宅地が並んでいたこの地域は、不動産投資を狙う人々によって格好の地上げのターゲットとなった。次々と歯抜けのように土地が買いあさられていった。けれども、再開発へと至る以前にバブルが崩壊したことで、これらの地域は見捨てられた土地のようになり21世紀を迎えることになるのである。

新宿がどんどんヤバいイメージになっていく

さて80年代の新宿で忘れてはならないのはイメージの悪化である。それまで、若者が集う歓楽街であった新宿がヤバい街というイメージになったのは、80年代に入ってからである。1982年6月に新宿のディスコでナンパされた14歳の家出娘がドライブに連れだされて殺害される新宿歌舞伎町ディスコナンパ殺傷事件が起きている。現代では一種、ありえる犯罪のイメージがあるが、当時この事件はセンセーショナルに受け止められた。中森明菜の『少女A』や、尾崎豊の『ダンスホール』は、この事件をモチーフにした曲とされている。これをひとつの契機として1985年2月に風営法が施行。ディスコの営業が午前0時に制限される。これに対応するために、ディスコ側は週末の営業時間を午後2時からに早めた。そうしたことで、余計に十代の若者がディスコに押し寄せるようになった。当時、BIBA・グリース・B&B・GBラビッツと四つもディスコが入居していた東亜会館は、高校生が長蛇の列をつくるようになっていた。こうした現象を経て、新宿=不良の集う場所。その総本山としての歌舞伎町のイメージは濃厚になっていった。

歌舞伎町の風俗街化が進行したのも、この頃である。1985年の風営法によって個室付浴場・ストリップ劇場・個室ヌード・ポルノショップなどが「風俗関連営業」とされ客引きの禁止、営業時間は午前0時までの規制を受けるようになる。この時に、新たな業態として規定された「個室マッサージ」すなわちファッションヘルスが急増する。それまでノーパン喫茶を営業していた店舗が、急遽壁をつくって個室をしつらえシャワーを設置して商売替えをしたケースも多かった。

今では観光地となっている新宿ゴールデン街は、この頃はまだ上級すぎる街だった。バブル時代には地上げで規模が小さくなっていたが、残った現在の区画の部分には今よりもずっとディープな雰囲気があった。中にはぼったくる店もあったし、なによりバイオレンスであった。そう基本的に、あちこちで酔っ払いが殴り合っているというイメージで間違ってはいなかった。もっとも、酔っ払いの喧嘩など、新宿ではどこでも見られる光景。この時代、まだ警察は酔っ払いの喧嘩程度では、関わり合いにならないのが当たり前のことであった。そんな楽しそうだけれども、一歩足を踏み入れれば危険な香りが漂っている。そんなイメージが新宿の繁華街全体を覆い尽くしていた。一方で、それ以外の地域は、地上げと相続税対策で土地を手放す地主が急増したこと以外にはなんら変化はなかった。

1975年～1989年までの新宿の歴史

1975年	新宿駅周辺の3つの地下道連絡通路開通、国鉄新宿駅と私鉄4社の新宿駅が地下でつながる 戸山ハイツ鉄筋高層化完成
1976年	新宿駅南口に「新宿ルミネ」オープン
1977年	西武新宿駅ビル「ペペ」「新宿プリンスホテル」オープン
1979年	「新宿センタービル」竣工
1980年	都営地下鉄新宿線（新宿～岩本町間）開通 「スタジオアルタ」オープン
1981年	「地下鉄12号線促進連絡協議会」発足
1982年	歌舞伎町の性風俗産業が問題視される 「森田一義アワー笑っていいとも！」放送開始
1984年	「新宿ミロード」オープン
1986年	埼京線、池袋～新宿間開通
1987年	バブル景気で新宿区内で地上げが横行、地価高騰 ＪＲ新宿駅南口に「新宿ルミネ2」オープン
1989年	平成始まる 「新宿モア街」完成式

※新宿区史年表などより作成

都庁の完成はバブル崩壊直後再度変化する「副都心」新宿

30年以上かかった都庁の移転

バブルの崩壊直後、新宿には大きな変化が訪れた。都庁がやってきたのである。新宿副都心に官庁街を整備する計画は、ずっと以前から存在した。1958年に策定された首都圏整備計画の中では、既にその計画が記されている。そして、その後も進んだ計画の中で新宿への都庁移転は「暗黙の了解」として、準備されていた。なかなか表に出なかったのは、巨大官庁の移転となれば、様々な利害の衝突が予測されたからだ。美濃部亮吉知事時代の1971年には、東京都に本庁舎建設審議会が設置されたが、ここでも答申では当時の有楽町での建て替えを示している。まるごと新宿に移転するというのは、容易に実現できないものだった。

当時の東京都庁は1957年2月に落成したもの。落成当時は最先端だったが、1970年代には既に老朽化。手狭なために、周辺のビルに部署を分散させねばならない状況にも陥っていた。なにより、東京の中心の比重は西へと移動しており場所的にも不便になりつつあった。現代であれば、ネットがあるからなんとでもなりそうだが、当時はなにかと手続きの時には都庁に足を運ぶ必要があり、都民からも不満の声が挙がっていた。その移転推進が本格化したのは鈴木俊一都知事になってからであった。副知事として、1964年の東京オリンピックの実務を取り仕切り、その後日本万国博覧会協会事務総長を務めた鈴木知事の推進策によって、ようやく新宿への都庁移転は本格的に議論されるようになった。1985年9月に東京都議会で「都庁の位置を定める条例」が可決した。この条例には、都営12号線の整備を進めることを求める付帯決議もついていた。都電が廃止されてからというもの、陸の孤島となっていた牛込地域の人々にとっては、都庁とともにようやく電車がやってくるという、諸手を挙げて賛成したくなるものだった。

こうして丹下健三の設計による新庁舎は１９９１年３月に落成。同年４月１日より新庁舎での業務が開始された。こうして、新宿はついに東京の中心という地位へとたどり着いたのである。

マフィアが争う暗黒街の誕生と終焉

こうして、東京の中心となる一方で、新宿という地名はネガティブなイメージを持って語られるようになった。その理由は歌舞伎町の治安の悪化である。80年代から、大久保地域の多国籍化は進んでいたが、90年代になると様々な外国人の勢力が進出。従来のシマを持っていた勢力と複雑に絡み合いながら戦国時代のようになっていた。中国系だけでも、広東系に天安門事件から逃れてきた北京系（民主化活動家が生きるためにマフィア化したものなど）、台湾に華僑系。コロンビアにナイジェリアにイランと様々な国の勢力がマフィア化して、しのぎを削るようになっていた。風俗店や裏ビデオショップも激増し、街を歩けばあちこちから客引きに声をかけられる。雑居ビルに入っている店舗など、所有者と借主が複雑に入り組んでいて、誰が店の経営者かもわからない。まさに、暗黒街が誕生していた。

1990年代後半には、あちこちで白昼から乱闘も起こっている。中国人勢力は青竜刀を、イラン人勢力は大型のカッターナイフを用いたりと、それぞれの勢力が武装して乱闘するのだから、一般人は危なくて歩けたものではない。雑居ビルの階段の踊り場なんて、麻薬の売買が行われているのが日常風景。あちこちには売春婦が立ち、彼女らが利用するラブホテルやレンタルルームも当たり前のようにあった。最盛期は、大久保あたりの裏路地だけでなく、西武新宿駅あたりまで売春婦が立っていたのを、覚えている人もいるだろう。

そうした中で1999年4月、石原慎太郎が東京都知事選に勝利する。石原は、警察官僚出身の竹花豊を副知事に起用し「歌舞伎町浄化作戦」を開始する。この浄化作戦は苛烈だった。それまで、ほぼ黙認状態であった無届けの店舗型風俗は完全に壊滅に追いやられ、警察への届け出が必要な派遣型店舗へと転換していく。2005年4月には「改正東京都迷惑防止条例」が施行され、客引きの取り締まりが強化される。こうして、歌舞伎町は「浄化」が進んだものの、かえって客の寄りつかない街へとなってしまった。というのも、防犯カメラの設置や、警察官による職務質問の強化など「とりあえず、歩いているヤツは全員容疑者」のような監視体制が強化。とりわけ、ピンク産業は東京都下や埼玉県へと移動していった。その結果、外国人犯罪も減ったが、歌舞伎町にやってくる人も減るという事態をもたらしたのである。この時代、とりわけ職務質問にあたる現場の警察官の一般人に対する暴力は著しく、職務質問でちょっとでも異議を申し立てようものなら、押さえつけて交番に引きずり込むなんてことも当たり前に行われていた。

ともあれ、危険は去ったものの人は来なくなった歌舞伎町では、コマ劇場の建て替えなどの再開発プランが打ち出される。その結果として今の歌舞伎町があるわけだが往時の賑わいを取り戻すには至っていない。

大江戸線の誕生により住みやすい新宿が誕生

こうした中で、新宿区に別の面で大きな変化をもたらしたのが２０００年12

月の大江戸線の全面開通である。都営12号線の名称で建設されていたこの路線は、当初「東京環状線」、愛称を「ゆめもぐら」とすることが決まっていたが、石原知事の提案で大江戸線と決まった。この提案には異論もあったが、最近、都電荒川線が「東京さくらトラム」とかいう、意味不明な名前にされていることを考えると、先見の明のあるものだったといえるだろう。大江戸線の開通で、新宿区のこれまで交通が不便だったり、陸の孤島だったりした地域はガラリと変わった。都電が無くなってから数十年にわたって、最寄り駅まで徒歩20分という山手線の内側とは思えない地域だった牛込は激変。古い邸宅がマンションへと変貌していくようになった。同時に、中井や落合あたりでも広い地域が新宿駅と直結し、新たな住宅地として、期待されるようになる。

バブル崩壊以降、もはや発展すまいとも思われていた新宿区が、新たな発展に向けて動き始めたのである。2010年代以降、都心回帰の流れが強まるわけだが、この大江戸線の誕生によって、新宿区は交通至便で住みよい地域という地位を確立した。これ以降、新宿区を語る時の通史は新宿駅周辺よりも、より広い地域へと広がっていく。

歓楽街の崩壊と多国籍化 再度宅地化の時代を迎えた新宿

不便な新宿を救った都営地下鉄大江戸線

２０００年代の土地価格下落とともに始まった都心回帰の流れは、新宿区でも次第に顕著になっていく。まず、人口増が顕著になったのは東新宿駅周辺だった。新宿駅からも新大久保駅からも離れたこの地域は、繁華街に近いにも拘わらず発展が見られず、とりわけ明治通りよりも東には昔ながらの狭小な住宅が軒を連ねていた。

ところが、大江戸線の開通で東新宿駅が開業したことで、この地域にもマンションが増え始めた。２００８年になり副都心線が開通すると、さらに交通の便はよくなり居住者も増えた。２０１２年には日本テレビゴルフガーデン跡の再開発によって新宿イーストサイドスクエアが完成。スクウェア・エニックス・ホールディングスや東急ハンズなどの企業が入居するオフィスビルができたことで、周辺を歩く人も増え街の雰囲気は次第に変わり始めている。ただ、繁華街からも離れているオフィスビルは通勤する人々には、あまりいい話を聞かない。仕事を終えれば一刻も早く会社から離れたい人が多いのか、このオフィスビルに関連して街が発展しているという雰囲気はない。

再開発によってガラリと風景が変わったのは、西新宿8丁目周辺である。戦後そのままのような街並みが残っていたこの地域は、再開発によって高層マンションなどに変貌。とりわけパークタワー西新宿エムズポートの建設において成子天神社の敷地の一部が利用されたことが注目された。地上権、定期借地権を設定することで神社の改築・維持管理費用に充てるというものだ。

同じく、地上権、定期借地権を設定して神社の敷地にマンションを建てる試みは、神楽坂の赤城神社でも行われた。この方式を用いて2010年に竣工したのがパークコート神楽坂である。それまで赤城神社は市街地にありながら、うっそうとした森がある神社だったのだが「赤城神社再生プロジェクト」と名付けられたこの計画では、それらの木々を切り倒して隈研吾デザインによるマンション。そして、カフェの建設が行われたのである。古くからの住民が減少する一方で、マンションに入居する新住民が氏子になってくれることもまずないわけで、神社の苦しい台所事情もわからない訳ではないが、数年も経てばダサくなりそうなデザインを選択することに、その場しのぎ感は拭えない。

こうした再開発事業の中で、とりわけほかにない事例として取り上げられたのが、富久町に建設された富久クロスコンフォートタワーである。ここは、バブル時代に歯抜けのように地上げが行われ街が解体されたまま放置されていた地域である。ここにもタワマンブームでマンションが建設されることになった。

だが、なったのはよいが、建設にあたって議論になったのはいまだ戸建てに住んでいる住民の扱い。たいていの場合、地権者にはタワマンの部屋を土地面積などを勘案した上で交換するのだが、ここはそうはならなかった。タワマンとともに建設されたイトーヨーカドーの店舗の上に戸建て住宅が建設されたのである。ようは、店舗の屋上に一戸建て形式の二階建て集合住宅17戸が建設されているのである。再開発によって「やっぱり戸建てに住みたい」という地権者の要望に沿った結果なのだが、あまりにも面白い風景として一種の観光名所にもなっている。なお、幾度か売りに出たことがあるが一億円程度と結構な値段で売買されているらしい。やはり「新宿区に戸建て」は強い。

治安管理の強化で面白さは消滅

再開発によって、ガラリと雰囲気を変えたのは歌舞伎町である。2005年に、地域の住民や事業者による歌舞伎町ルネッサンス推進協議会が設立された後に、防犯カメラをさらに増やすなど治安管理の強化が行われたことで、街の雰囲気は一変。風俗店や裏ビデオ店などが消滅した頃から、かつての映画館などが賑わう「健全」な歓楽街を再生する動きが活発になった。

2000年代後半には、様々な構想が立ち上がり、ゴールデン街を取り壊して、金融センターを建設するという案まで出てきた。この案は実現しなかったが、コマ劇場の建て替えは具体化。2008年に閉館した後、2015年に屋上にゴジラの顔が設置された新宿東宝ビルが誕生し、新たな歌舞伎町の中心となった。これとともに、新宿ミラノ座などの映画館も解体。現在は、新宿東宝ビルと同様、映画館とホテルの入ったビルの新築工事が進められている。

こうして比較的安全になった歌舞伎町だが、いまだかつての賑わいを取り戻せてはいない。店はあるのに、人が滞留する場所がないのが、新宿の繁華街の大きな問題である。１９９６年に新宿西口地下からホームレスの強制排除を実施して以降、都庁のお膝元ということもあってか、新宿駅周辺では治安管理の強化が進んだ。人が座ることのできるようなベンチは置かない。路上で演説なり演奏なりしていればたちまち警察がやってきて排除する。その結果として、見た目は綺麗で安全になったが、同時になにか用があるとか目当ての店がないと来ない街へと転落している側面もある。

近年では、様々な政治勢力のデモの集合・解散地点として使われるアルタ前の東口広場もデモ対策として花壇に柵が設置され、腰掛けることもできなくなった。今では路上ライブなども禁止されている（無視されることも多いが）。表面は煌びやかになっているかもしれないが、もはや街の魅力は半減しているというのが事実である。

進む多国籍化で外国人は当たり前に

魅力が減っているように見える新宿だが、近年は外国人観光客が急増している。一時の爆買い中国人の波は減ったとはいえ、繁華街ではとにかく外国人の数が多い。東京都がまとめた「2017年外国人旅行者行動特性調査」によれば、訪日客の訪問先として都内で最も多かったのは新宿・大久保。欧米の旅行者が渋谷を目指す一方で、アジア圏の旅行者には新宿・大久保が好まれている。

大久保は、一時は韓流ブームも相まってコリアンタウンとして注目を集めた。もともと、古くからコロンビア人なり、ミャンマー人なり多国籍な人々の住む地域として知られていた地域。いまだ絶対数が多いからかコリアンタウンの印象は強いが、近年は多国籍タウンとして改めて注目を集めている。凝縮された地域で、様々な国の食材を購入することができたり、食事を楽しめるという利点はここにしかない。住民に占める外国人の比率も増加しており、新宿はますます多国籍な地域となっていくと見られている。

江戸時代に内藤新宿が栄えるまでは、片田舎でしかなかった新宿区域は、今や東京の中でももっとも発展している地域の一角を占めている。ただ、発展しているとはいえ、それは新宿駅を中心とした一部の地域に過ぎないのが実情。新宿区は広く、その発展度合いは地域によってバラバラといってよい。例えば、ここまでの通史では、ほとんど触れてこなかった北新宿だとか四谷から信濃町あたりが近年発展しているとは言い難い。

本来の新宿区の中心といえる牛込周辺は、都営大江戸線が開通したことで発展の機会を得た。副都心線の駅ができた西早稲田も同様だ。一方、交通の便が悪いまま放棄されているような地域もざらにある。例えば、早稲田鶴巻町の北側や高田馬場から落合にかけての地域、東五軒町あたりは、決して交通の便はよくないし住宅がある以外には発展しているとは言い難い。富久町などあちこちの地域で、昭和テイストの狭小住宅はざらに見かける。「ここが、ホントに新宿区か？」と首を傾げる風景というのは意外に多いのだ。そうした発展から取り残された地域が、このままレトロタウンとして存続していくのか。それとも、近年のタワマンを中心に据えた再開発の波に呑まれて姿を変えていくことになるのか。次章からは、さらに詳しく各地の実情を検証していくことにする。

1990年～2016年までの新宿の歴史

1991年	バブル経済崩壊
1993年	新宿西口公共駐車場開設
1994年	新宿中央公園大橋完成 区・国・JR三者共同事業による新宿駅東南口広場完成
1996年	営団地下鉄南北線、駒込～四ツ谷間延伸開業 「東京オペラシティ」オープン 「タカシマヤタイムズスクエア」オープン
1997年	都営地下鉄大江戸線（12号線）練馬～新宿間開通
1998年	JR新宿駅南口に「新宿サザンテラス」オープン
2001年	湘南新宿ライン運転開始
2002年	警視庁が歌舞伎町に設置した50台の監視カメラ稼働
2004年	「歌舞伎町クリーン作戦」開始
2008年	東京メトロ副都心線開業
2010年	新宿駅東南口地下歩道が開通
2011年	東日本大震災
2013年	東京メトロ副都心線、東急東横線、横浜高速鉄道みなとみらい線との相互直通運転を開始
2016年	「JR新宿ミライナタワー」開業

※新宿区史年表などより作成

不便な地域がかなり減った21世紀の新宿。都営新宿線から始まった。元々都電がカバーしていた地域の代替路線整備は副都心線で一段落

がらりと雰囲気の変わった歌舞伎町。客引きなどの連中は粘り強く生き残っているけどね。あと噴水がなくなったのはちょっと残念

新宿区コラム 1

人工滝で発展が始まった四谷の原風景

新宿区でもひと際ディープな街が四谷。今でも独特の風情のある飲み屋が並んでいるのは、もとは花街として賑わったことに由来する。この街には杉大門通りや車力門通りといった、やたらと風情がある名前の通りがいくつもある。というのも、もともと江戸時代に美濃高須藩の松平摂津守義行の上屋敷から始まった歴史があるからだ。杉大門通りは、かつて全勝寺の門前に杉並木があったのがその名の由来。車力門通りは、屋敷へ運び込む荷車が並び車力横丁と呼ばれていたからとされている。

この屋敷は明治になると、民間に払い下げられたが、すり鉢状の地形に作られた庭園は美しかった。そんな地形の底にあったのが、徳川家康が鷹狩りにいく途中に馬の鞭を洗ったという策の池。ここに1872年に玉川上水から水を引いて滝がつくられた。

それを目当てに見物人が集まるようになると茶屋や料亭が次々とできて繁盛するようになった。それが明治中期になると芸者街となったのである。この街の芸者は津の守芸者と呼ばれ、客も芸者も気品があると評判だった。最盛期には、２３０人もの芸者がいて繁盛したと伝わっている。

しかし、時代の流れとともに芸者街は姿を消していった。１９８３年に、この地の三業組合は解散。名残を留めるような風景はあるけれども、既に営業している料亭はない。ただ、津の守坂から路地を入っていくと、いまだに残る策の池を見ることはできる。いまは、滝はなくなってしまったけれども、階段を下っていくと忽然と残る池を見ることができるのだ。かつては、料亭が並んでいたと考えると、とてつもなく風情のある光景が想像できる。

今では、そうした賑わいの中心は、杉大門通り。都内でも屈指のディープな飲み屋街だと思うのだが、その歴史は案外新しい。戦後、この通りに商店が集まるようになったのは1958年頃のこと。杉大門通り商店街人気会の公式サイトには「オリンピックの頃、六本木などのお店では11時までしか開いておらずそれ以降の時間に遊びたいというお客さんが杉大門に流れてきた」とある。1964年の東京オリンピックに際しては苛烈な浄化活動が行われ深夜営業規制も強化された。この時に営業時間を制限されたバーにかわって、制限の緩いスナックが爆発的に増えた。ようは、新興の杉大門通りは監視も緩いし制限外の店舗が多かったのだろう。この後、商店街は次第に飲み屋街に姿を変えていくことになった。今も昔も共通しているのは、ディープで隠れ家的な飲み屋が多いということだろう。

第2章
新宿区は住みやすい街なのか

多くの人が住んでいてもそれ以上に働きに来る人が多い

イメージとは違う「住宅地」新宿

新宿は眠らない街である。とはいうものの、夜になると寝ている店は多いものである。先日、用事があって午後7時頃に曙橋に出かけた。都合で、四ツ谷駅からトボトボと歩いたのだが、新宿区立新宿歴史博物館のあたりとか、もう既に街が寝ている。抜弁天へ続く坂道なんて、夜中になると誰も歩いてない。高田馬場でも落合のほうへ歩いてるのと同じような感じ。駅周辺の繁華街を除けば地方都市と変わらない感じで、さっさと眠っている街のほうが多いじゃないかという感じである。

新宿に住んでいる人といえば、だいたい思い浮かべるのはホストやヤクザそれにキャバ嬢。あとは、なにか都会に夢を持って上京してきた根無し草の若者というイメージ。実際、そんな人も住んでいるのは事実である。筆者の知人は、大きな話題となった殺人事件の現場となったマンションに当時住んでいた。しかも、犯行現場はその人の隣の部屋。尋ねてみたら「確かに、夜中にうるさいなとは思ったんだけどねえ……」だって。さすがは新宿区民である。

でも、そんなヤバい新宿、ヤバい人々っていうのは決して多数派ではない。だいたいは夜になれば家に帰ってさっさと寝る平和な人たちが住む街だ。都営住宅を始めとする団地ゾーンもあるかと思えば、瀟洒な住宅が並ぶエリアもある。かつては大邸宅があったところが、建売住宅になって小分けにされているエリアなんかも。大都会とはいうけれども、なんの変哲もない住宅地もちゃんと存在しているのだ。それに、最近はマンションも増えてきた。日照権の関係で決して多くはないけれども、地上20階を越えるタワーマンションは新宿区内にも建築されるようになってきた。そうした住人を相手にスーパーも増える。そう、新宿はヤバさもヤバい人も決して多くはない、意外に平和に住めるエリアなのだ。

住むところもたくさんある都心

そんな新宿であるが、やはり都心のほかの地域と同じく、住んでいる人よりも、昼間によそから働きに来ている人が圧倒的に多い。最新の国勢調査によると、昼間人口77万5549人に対して常住人口33万3560人である。常住人口を100とした比率で表すと232・5となる。23区で昼夜の人口差がもっとも大きいのは千代田区で比率は1460・6。最近はタワマンが増えて人口が増加しているイメージのある中央区は431・1。港区は386・7だ。

このように、新宿区は副都心と呼ばれる規模の都会でありながら、存外に人が多く住んでいる地域なのである。昼間人口が多いのに、常住人口が少ない地域というのは、多くの人が通勤・通学でやってきているに過ぎず地域に対する愛着もなければ、なんの責任も負わない人が多いということだ。別にそれは、彼らの責任ではない。都市でありながら住むところも確保できずに街が開発されているといういびつな構造が看過されてしまっているわけだから。その点、新宿区は働くところに住むところも確保された極めて健全な都心なのだ。

23区の昼夜間人口比率

地域		昼間人口	常住人口	昼夜間人口比率
順位	東京都総数	15,920,405	13,515,271	117.8
1	千代田区	853,068	58,406	1,460.6
2	中央区	608,603	141,183	431.1
3	港区	940,785	243,283	386.7
4	新宿区	775,549	333,560	232.5
5	文京区	346,132	219,724	157.5
6	台東区	303,931	198,073	153.4
7	墨田区	279,181	256,274	108.9
8	江東区	608,532	498,109	122.2
9	品川区	544,022	386,855	140.6
10	目黒区	293,832	277,622	105.8

東京都、平成27年度国勢調査集計結果をもとに作成

実は若者の街だった新宿
イメージとは違う区民プロフィール

別に危ない街じゃないよ

新宿は世界の人種が交雑するるつぼである。いや、人種といってもいわゆる人種じゃなくて、日本国内のあらゆる地域の人。それに、様々な目的をもって上京してきた人がいるというわけである。前の項でも述べたように、新宿というと、ヤクザやら売春婦やらが闊歩しているイメージ。いや、実際の住民とか、都内の人であれば「そんなバカな！」とは当然思う。でも、新宿から遠く離れて地方にいくと、実際にそんなイメージを持っている人が、21世紀のいまでもわんさかといるのだ。確かに、限られた情報源しかなければ新宿という地名が出た時にインパクトがあるのは犯罪ネタ。そうなると、新宿＝歌舞伎町＝危険というイメージがどんどんと膨らんでいくというわけである。ネット文化の中で、様々な暴力事件がよく話題になる福岡市が「修羅の国」なんて揶揄されているのと、よく似ている。実際の福岡市は、存外に平和なのだが。

新宿区のだいたい半分は独身者

最新の2015年に行われた国勢調査による新宿区の人口は33万3560人。最新の新宿区の統計では2019年1月時点で34万9331人とさらに増加しているが、ひとまずは国勢調査をもとに話をしていこう。この人口は県庁所在地である青森市や福島市、松江市よりも多い。2015年国勢調査では前回調査よりも7251人増えて約2・2パーセントの増加なので、人口はぐんぐんと増えていることになる。でも、その人口も新宿区の誕生以来右肩あがりだったわけではない。新宿区の人口が最大だったのは1965年の41万3910人。その後は減少に転じ1995年には27万9048人に。そこから、再び増加に転じている。バブルが終わってから起きた都心回帰の影響を明確に受けているというわけである。この人口は23区では12番目。人口密度でみると1平方キロメートルあたり1万8307人で、23区では8番目となっている。そんな人口の中で、新宿区はとにかく若者が多い。年齢を5歳区切りで細分化すると25～29歳が3万1043人でもっとも多く、30～34歳も同様に3万人を超えている。家賃の高さを勘案すると若者といっても、なにか仕事なり目的があっても、中央線沿線の若者タウンなどに比べると、少々お高い家賃を払える程度の収入を持つ人が住んでいると推察できる。日々の生活を考えるとスーパーが高いという問題もあるが、働き始めて「なるべく通勤の便がよい都心に住みたい」と考えて、新宿区で物件を探す人は大勢いるのだろう。

さて、そんな新宿に住む人々であるが、結婚しているか否かで調べると、ほぼ半々。15歳以上の人口でみると未婚の割合は男性49・4パーセント、女性41・4パーセントとなっている。配偶者ありは男性44・8パーセント、女性43・2パーセントとなる。2010年の国勢調査から比べると未婚は男性が0・6、女性が0・9減少している。つまり、新宿区は夫婦以上の世帯半分、独身者半分で構成されているといえる。

地域によって違う住民像

さて、そんな新宿に住まう人種。これは地域性が豊かである。歴史篇で記したように新宿が本格的に栄えるようになったのは、明治以降。だから、老舗というものは少ない。新宿3丁目にある追分だんご本舗は、太田道灌が地元の名族から献上されただんごを賞賛し、高井戸で茶屋を開いていた名族の子孫が、江戸時代になって内藤新宿に店を開いたという経緯がある。こうした老舗は新宿区ではレアケースで、老舗といわれる店でも明治・大正からの創業が多い。だから名家と呼ばれる家もない。ただ、神楽坂や牛込、四谷あたりには古くから代々住んでいるという家も多い。さすがに江戸時代まで遡る家は少ないが、古くから住んでいる家系というのは多いのだ。だから旧牛込区・四谷区は歴史的に新宿の中心なのである。でも、そうした家は次第に減少している。21世紀になる頃までは、平屋のお屋敷もあったのだが、そうした家はほぼ消滅してマンションになった。そこへ入ってきたのが、そうしたマンションを購入することのできる金持ち新住民というわけだ。なので、旧牛込区・四谷区あたりは地域のブランドに目をつけた新住民と狭小な住宅に代々暮らしている庶民とが混在しているのである。これは、高田馬場や早稲田、戸塚、あるいは富久町でも同様だ。極めて中野区の雰囲気が強い北新宿や落合周辺でも、この雰囲気は変わらない。

こうした狭小住宅というのは、そうそう建て替えもできない。建ぺい率の問題で同じ面積で建て替えることができない場合が多いからだ。なので、そうした住宅の持ち主は貸家やアパートに改造して郊外に引っ越している場合も多い。そうしたアパートは、前述のような少々家賃が高くても利便性を求める独身男女によって占められている。正直、神楽坂あたりに住んでる独身男女というのは利便性もそうだけど「大人のナンタラ」みたいなのに影響を受けた人も少なくないということも忘れてはならない。

多様化する外国籍住民

そんな新宿だが、住民として忘れてはいけないのが外国人。ここ数年、コリアンタウンのイメージが強かったが、最新の国籍別統計によると2019年1月時点で中国人1万4153人、韓国人1万221人と中国人が最多になっているのだ。次いで、ネパール人3517人、ベトナム人3484人、ミャンマー人2218人、台湾人1884人、アメリカ人1033人、フランス人793人と続く。このところ、大久保の多国籍化が報道されたり、高田馬場に美味しいミャンマー料理店ができたことが話題になったりしているが、居住する外国人も確実に変容している。この外国人の住むところも妙な感じで、なぜか白欧米人はやたらと神楽坂あたりに住んでいる。アンスティチュ・フランセ東京(旧・東京日仏学院)が神楽坂にあるから、フランス人が住んでいるのはわかるんだが、やはり微妙に残る、絵に描いたような日本風な雰囲気がウケてるのか。そんな新宿区の外国人だが総計は136カ国4万3068人。とにかく国籍が多彩である。エスワティニ(旧・スワジランド)の人とかニジェールの人とか、どういう都合で新宿で暮らしているのか、そのドラマが気になるところ。榎町なんていう、超庶民的な場所にあるモルドバ大使館とかもね。

高齢化著しい団地と徐々に増え出したタワーマンション

すでにメチャクチャな新宿の団地事情

様々な味のある地域がモザイク状に存在する新宿区。その中でも際立つのが都営戸山ハイツアパート。ここは、都会のど真ん中にある限界集落として知られている。もともと軍用地であったここは、戦後の住宅難を解消するべく建設された都営住宅のスタート地点。当初は1949年に建設された後に1970年代に入ると鉄筋コンクリートに建て替えが行われ、巨大なコンクリートの壁が連なる巨大団地となった。新大久保駅からも歩けるしバスもある。団地内にはスーパーもあり、決して不便ではない場所にあるはずなのに、うらぶれた感じは拭えない。

都営戸山ハイツアパートでは2016年の調査では人口が58

72人。うち65歳以上は3105人で52・9パーセント。15歳未満は279人で4・8パーセントしかいない限界集落なのだ。建築当初は入居希望者が殺到し、抽選で選ばれた僅かな人だけが入居できた団地。でも、もうその繁栄は見る影もない。一つは都営住宅の入居基準が原因。都営住宅の入居は、世帯全員の収入の合計で判断されるので、子供が就職して収入を得ると、出て行くしかなくなる。古ぼけた団地は、新たに住居を探そうとする人にも敬遠され、新規に入居する人はといえば、後期高齢者ばかり。ゆえに、孤独死の問題も続出している。とりわけ戸山ハイツは、都内の都営住宅の建て替えの際に移住先として斡旋されたこともあったために、余計に高齢化が進んだという経緯がある。

限界集落化による孤独死を避けるべく、見回りなどの方策も練られているものの、決して問題の解決には至っていない。なにしろ、歩いてみればわかるが、既に老朽化した団地は建て替えでもしなければ、住みたい人もいない。前述のように世帯の収入が入居の判断基準となることも、今ではネックになっているが、そもそもこの団地が都会にあるのに住みにくい地域になっているのは事実。だって、一階部分がかつては商店だったけれど、今は廃墟になっている団地なんて住みたい人がいるだろうか。戸山ハイツは2000年代に一時期、空き店舗に風俗店が入居している時期があった。「人妻定食屋」という触れ込みで、中で仕事をしているオバサンが全員風俗嬢なのである。間口の狭い店で待機所もなく、エプロンをしたオバサンたちが店の前で煙草を吹かしているという、ものすごい光景であった。当時、多くのメディアが報じたものだが有名になりすぎて問題になったのか、すぐに潰れた。そんな店ができてしまうくらいに、とんでもない地域になっているのである。それにもかかわらず、いまだ抜本的な対策はできていない。

こんな高いマンション買えるか！

そんな新宿区に増えているのが、タワーマンション。いや、タワーに限らず低層のものも含めて都心に住みたい人を狙ったマンションは急増中だ。でも、そんなマンションに住める人は僅かである。この原稿を書いている時点で建設中の「プラウド新宿牛込柳町」は、牛込柳町駅から徒歩3分という便利な立地。

でも、その値段は4899万円～1億2999万円。最低価格で住めるのは、1LDKである。家族……、夫婦と子供ひとりで暮らすならやっぱり3LDKで70平方メートル以上はないと。確かにそんな部屋もある。8949万円。うん、諸経費を加えたら9000万円超えか。このあたり、スーパーは高いけどなんだかんだと下町。地震どころか台風が来たら建物もろともなくなっていそうな居酒屋もあり決してハイソな土地ではない。そんな下町をマンションめげて金持ちどもが侵食している状況だ。この地域でも、南町とか二十騎町あたりは、これでもかという豪邸が建つエリア（不思議な形をした峰竜太の家とかがある）。金があるなら、そっちに住めばいいのに、そこまでは金のない中途半端な金持ちが下町を荒らしているという構図である。

この現象は新宿区の各地に広がっている。「ウエリス新宿早稲田の森」とか、以前は交通が不便だった地域も新線の開業で穴場となりマンションが建設されているのである。エセブルジョアなマンション住民という新たな存在によって、新宿区の雰囲気は確実に変わっている。スカした住人が増えたら、街の居心地も悪くなるなあ。

新宿区高齢化の現状

住居の種類・住宅の所有の関係	一般世帯人員（人）	65歳以上世帯人員（人）
総数	86,635	63,262
持ち家	58,801	41,039
公営・都市再生機構・公社の借家	9,198	7,351
民営の借家	16,771	13,530
給与住宅（官舎・社宅など）	848	540
間借り	732	590
住宅以外に住む一般世帯	285	212

※新宿区統計書（2018年）より作成

戸山ハイツをはじめ、新宿区の都営、区営住宅は高齢化が進みすぎて限界集落化に近い状態。打開策はなかなか見つからず、問題は継続中

新宿が危険というのは幻想治安が良すぎる地域もある？

世界的に見れば日本は平和だ

何度も書いているが、新宿＝危険なイメージは根強い。筆者も実話誌の仕事をしている頃はちょうどブームがあって、新宿で人が逮捕されているところとか喧嘩、あるいは、泥酔している酔っぱらいの写真だけでグラビアページが組まれていたのを思い出す。そう、みんな新宿＝危険っていうのを楽しんでいたのだ。

そんな危険な新宿というのも一種のファンタジー。そりゃあ、夜中に歌舞伎町を歩いていると昔は裏ビデオ、今じゃ外国人が「社長！」とかいって声をかけてくる。でも、あくまでその程度。いきなり銃で撃ち殺されるなんてことはない。ほら、イタリアなんて盛り場を歩いていると手首にミサンガを巻き付けられたり、ロマ民族が小銭をせびってきたりする。駅を一歩出たら、詐欺師があれこれいいながら近づいて来る。男なら金を奪われて、女ならついでに身体も奪われ死体になる国なんてザラにある。そう考えると「そう簡単には死なない」という点で新宿区は平和だ。

今年に入って犯罪がゼロの地域も

そうはいっても、新宿というところは危険なんじゃないか。そう思うなら、警視庁の犯罪情報マップにアクセスしてみるといい。インターネットで公開されているアレ。町域別に犯罪の発生と件数を色分けしているという優れたサイトだ。すなわち、過去数年で、自分の住んでいる町で犯罪が起きたかどうかを知ることができるというもの。これを見ると、もっとも犯罪件数が多い赤で表示されるのは新宿駅周辺だけ。2018年のデータでは駅の東西だけである。歌舞伎町はそれよりも犯罪が少ないのである。このマップは過去二週間という設定もできるので２０１９年4月現在で設定してみると、ほぼ犯罪が発生していない真っ白な地域がやたらと出現する。四谷や牛込地域、早稲田や北新宿、下落合はもともと犯罪発生件数が少ないのだが、より平和な度合いが高いらしい。さらに、市谷甲良町や市谷左内町、赤城元町に東五軒町は、昨年は犯罪発生件数がゼロ。23区を見回しても犯罪が年間を通して、ほぼ起こりえないという地域はほとんどない。ほかの地域でゼロのところを探すと、台東区の谷中墓地。あるいは、北区の堀船や足立区の宮城とか河川敷の工場かなにかの施設があるところが多い。東五軒町なんて『週刊大衆』を出してる双葉社があるんだが、それにもかかわらず平和だ。

歌舞伎町も比較的安全という事実

というわけで、平和な地域も含めて実際にはどんな犯罪が発生しているのか。より詳しいデータを検証してみよう。新宿区役所は各町別の犯罪統計をサイトで公開している。すなわち「我が街の安心度・危険度」が一目瞭然というわけだ。現在、新宿区が公開している最新のデータは２０１８年のもの。これによると、前述のヤバい地域東五軒町は確かに平和。２０１８年の犯罪発生件数は3件。うちひとつは、自転車泥棒。もうひとつは「その他刑法犯」である。その他刑法犯とは、放火・略取誘かい・賭博などが該当。うん、まあ平和だ。

これによると、単純に犯罪の件数だけで見た場合、もっともヤバい地域は新宿3丁目になる。なにせ、犯罪発生件数が１２６３件とダントツなのである。地下鉄駅もあるわけで、頻繁に利用している人も多いと思うのだがなにがそんなにヤバいのか。内容を見てみると、とにかく多いのが万引きで５１９件も発生している。さらに、置き引は56件、すりは63件、自転車泥棒は82件も起きている。それら侵入しない形の窃盗犯罪は９８７件。やっぱり多くのデパートや量販店などが並ぶ商業地域の中心ゆえに、こうした犯罪は避けられないようだ。

その次に並ぶのはやはり歌舞伎町。それも歌舞伎町1丁目と2丁目では、１丁目が総数８６２件なのに対して2丁目は４７８件。つまり、歌舞伎町は奥のほうへ行くと危ないイメージがあるが実際には靖国通り側のほうが犯罪に遭遇する可能性が高いのだ。この街でやっぱり多いのは暴行傷害などの粗暴犯。歌舞伎町1丁目は172件。2丁目は105件となっている。あれ、意外に少ない感じ。なんかバイオレンスなイメージがあるけど、結局は侵入しない窃盗のほうが多いというオチなのである。さてほかに犯罪発生件数が多い地域はといえば、西新宿1丁目で786件。こっちも万引きが341件、侵入しない形の窃盗犯が626件を占めている。こちらも、ヨドバシカメラなどがある商業地域。なるほど、お店の人たちはほんとに万引きで大変な目に遭っているのだな。欲しいものは自分の金で買おうよ。

やっぱり住むなら旧・牛込区だ

さて、警視庁の犯罪情報マップでは不審者情報という子供や女性への声かけ事案を表示できるページもある。この原稿を書いている段階で2019年2月15日から過去1年分のデータを表示できるのだが、これを見ると犯罪発生件数の多いところと、不審者の出没ポイントはまったく違うことがわかる。やたらと不審者が出没しているのは高田馬場。それも駅から早稲田方面へ向かい馬場

い地域における犯罪認知数

侵入窃盗	非侵入窃盗	その他
5	29	20
21	58	30
12	968	148
0	41	9
0	40	23
6	45	17
6	34	12
4	59	34
5	56	29
1	15	7
0	7	1
9	451	94
0	37	31
3	42	10
4	37	16
1	21	8
1	45	16
1	56	40
1	24	5
6	68	42
1	69	29
0	28	16
14	360	132
13	191	113
236	3855	1385

※警視庁発表値（2018 年）

新宿区内のイメージの悪

	総合計	凶悪犯	粗暴犯
新宿１丁目	62	2	[illegible]
新宿２丁目	131	1	2
新宿３丁目	1224	7	8
新宿４丁目	54	1	
新宿５丁目	78	4	1
新宿６丁目	76	1	
新宿７丁目	69	1	1
百人町１丁目	131	3	3
百人町２丁目	112	3	1
百人町３丁目	28	1	
百人町４丁目	8	0	
西新宿１丁目	613	6	5
西新宿２丁目	77	0	
西新宿３丁目	62	0	
西新宿４丁目	66	1	
西新宿５丁目	38	1	
西新宿６丁目	75	3	1
西新宿７丁目	115	5	1
西新宿８丁目	37	5	
大久保１丁目	141	2	2
大久保２丁目	112	0	1
大久保３丁目	51	0	
歌舞伎町１丁目	663	10	14
歌舞伎町２丁目	451	22	11
新宿区総計	6416	107	83

口交差点の南北。つまり、戸塚警察署のあるあたりが昨年来、やたらと不審者出没スポットになっているのだ。不審者も警察署の周辺に不審者など現れるはずがないという常識の裏をかいて出没しているのだろうか。高田馬場周辺では、ほかにも裏通りで女性への声かけ事案が多数発生。高田馬場での女性のひとり歩きは、警戒したほうがよさそうだ。対照的に安全なのが、牛込警察署周辺だ。このあたりから防衛省周辺にかけては、数件程度しか声かけ事案が発生していないのである。そう、やっぱり牛込は安全なのだ。

牛込地域というのは、路地のような道も多く犯罪面では不安がある。空き巣に入られる可能性も高いので防犯には入念な対策が欠かせない。でも、最近はオートロック型のマンションが増えている。それに空き巣も狙うときは、少ない労力で大金を手にしようと考えるだろうから、ひとり暮らしのアパートなんかは狙われる可能性は低いだろう。

こう考えると、余丁町から北東方向は新宿区でも住むなら絶対にオススメしたい街である。前の項でも記した通り、この地域にはマンションが増えて金持ち住民も増加している最中。なるほど、金持ちは金で安全を買う気か。

医療環境は世界レベル 徒歩圏内に高度な医療機関が

環境が良すぎて区民が使えない場合も？

大都会である新宿は、いざ医者にかかるときになっても大丈夫。だって、様々な病院があるんだから。某駅から見ることができる性病科の看板は、ある意味で新宿を象徴しているわけだが、他にも、もしもの時の病院はいっぱい。例えば、なにかの機会に腹を刺されたけど警察沙汰は避けたいという時に「階段で転んだんです」と運び込めば、なんにもいわずに「ハイハイ」と手慣れた感じで治療をしてくれる病院もある。かと思えば「あそこは、シャブ抜き病院だよ」と噂される病院も。

そんな病院はさておき、新宿区内には大規模で優れた設備を誇る病院がいっぱいある。東京女子医大病院・慶應義塾大学病院・日本医科大学付属病院などの大学病院系。さらに、大久保病院・JCHD東京新宿メディカルセンターなど数え切れない。かつてはこうした病院で診察してもらうために遠方からやってくる人もいて、そうした人向けの宿も繁盛していたと聞く。つまり、単に規模が大きいとかではなくて、治療の信頼性も高かったというわけ。

これだけ病院があるのだから、救急医療がパンク寸前といわれている現在でも、新宿区ならば、いつ急病で倒れても安心感がある。筆者は、このシリーズの取材で全国各地を回っているが、地方と都市では圧倒的な医療の格差が存在することを、多くの地域で見てきた。例えば、昨年、対馬を訪れる機会があったが、あの広い島で唯一の大きな病院は長崎県対馬病院である。しかし、いざ急病で運ばれる時に、広い島内で1カ所しか大きな病院がないということは、病人が住んでいる地域によっては、病院への移動時間だけで数時間はかかってしまうというわけ。伊豆半島の下田市でも市内の病院で手に負えない場合には、数時間かけて沼津市まで搬送するという。

いずれにしても、搬送にそんなに時間がかかっては、患者が危険な状態になる可能性は非常に高い。おまけに、なにか難しい持病を抱えた時に、病院にいくだけで旅行になってしまうではないか。どんな病気になっても診察して貰える病院が、すぐ近くにあるという点で、新宿区の医療は確かに優れている。

とはいえ、アクセス環境の良い大病院なだけに、当然患者は新宿区民だけではない。特に重病を抱えた患者は、東京都西部など、通いやすい多くの地域からやってくる。そのため、タイミングによっては「最寄り」の住民でも、新宿区内にある信頼できる病院が満床で、一番近い病院を使えない、なんて事態もあり得るのが悩みどころといえる。

これは、新宿に限らず都心部に住む人共通の悩みだが、江戸以来の交通拠点である新宿区では、特に激しいといえるだろう。とはいえ、車で数分のエリアに同等の病院があるわけなので、実質的なデメリットは少ない。近隣の中野区や杉並区といった住宅地でさえ、高度医療機関は区内にほとんどなかったりするもので、新宿区内に運ばれてくるケースは多いのだ。確かに「枠」を使ってしまう近隣区住民は、新宿区民には迷惑な話だが、まあここは優越感をもって「お裾分け」してあげるのが吉といえるだろう。

教育環境は整っている力業を使うことも？

公立の学校が充実している？

お受験で張り合う千代田区・中央区・港区・文京区に囲まれているのに、新宿区の教育は、なぜか庶民的。例えば、私立中学校への進学率。千代田区・中央区・港区・文京区がいずれも4割近い私立中学校への進学率を誇るのに対して、新宿区だけは31・74パーセントと格段に低い数値となっているのである。なぜなら、新宿区は庶民が主体の街だから。トップの港区の平均世帯年収902万円からは格段に低くて新宿区は477万円なのである。これは、23区中第8位の数字で、第2位の千代田区784万円、第5位の文京区544万円に比べると、いかに庶民的な地域かがよくわかる。

そんな新宿区の教育事情を明らかにするのが、小学校の抽選結果である。新宿区では公立小学校は学校選択制が導入されていたのだが、その中でも人気のあるなしは分かれる。２０１６年４月の入学希望で抽選が行われたのは、29の小学校のうち11校、津久戸小学校・愛日小学校・牛込仲之小学校・余丁町小学校・四谷第六小学校・戸山小学校・戸塚第一小学校・落合第二小学校・落合第三小学校・落合第四小学校・淀橋第四小学校である。

新宿区での教育事情を見ると、小学校は公立。中学校は子供のデキ次第で私立も選択肢に含めるというのが一般的である。そこで、親の視点は公立小学校の中で、どれを選ぶか。それも、徒歩圏内に通える学校でもっともよい小学校は、どれかということになる。つまり、９校が希望者多数で抽選を実施している背景には、徒歩圏内にある小学校の中で、ここが一番マシということで選ばれているというわけだ。

そうした公立優位で学校選択制が導入されているため、まずは親が学校見学会に参加して、様子を吟味するのが新宿区では当たり前だ。だが、よりよい小学校を選ぶとはいえ、半ば諦めムードもある。というのも、あくまで公立である以上、人事異動によって去年と今年では学校の雰囲気がガラリと変わっていることも珍しくないからだ。そのためか、実際に学校見学会に参加した親の話を聞いてみても「どこの小学校であっても、ひとつくらいは学級崩壊しているクラスがある」というのが、新宿区の実情だ。都心でありながら、公立優位のどこか地方的な感覚が身についているというのが、新宿の教育事情といえるだろう。中学受験もクラスの頭のよいヤツらの一部だけ。だいたい本気を出すのは、高校受験のあたりからなのである。

すっげえ不良は区内から追放で対処する

そんな新宿区の教育事情の特徴はといえば、問題児は区外の中学校へ転校させるという施策が密かに行われていることである。中野区や杉並区の住民に話を聞くと、ある世代では「新宿からスゴいヤツが転校をしてきた」という話を数多く聞くのである。さらに、杉並区民からも「問題児は新宿区の中学校に転校させられていた」という話もある。どうも、これらの区では、お互いに手に負えない子供を放りだして、地域の平和を守る施策が当たり前に行われてきたようだ。もっとも、それが学校ぐるみで行われてきたか否かは定かではない。ただ、いずれの学校でも転校させられた不良は転校先では大人しくしていたというから、効果的な施策であったことだけは、間違いないだろう。

ともあれ、新宿が教育において優れている点があるとすれば、子育て支援が充実していることである。２０１８年度は年間30世帯に限定して、義務教育修了前の子を扶養する世帯として転入する場合に、契約時の礼金、仲介手数料の合計で、最大36万円あるいは引越し代の実費で、最大20万円が支払われていた（２０１９年度は区内に住む世帯が対象になった）。さらに住んでいるだけで、月額３万円が最長５年間支払われる制度も実施。こちらも、とんでもないバラマキだが50世帯限定なので、毎年抽選が行われる事態になっているのだとか。また、子供の医療費が15歳まで無料という利点もある。

家賃は都心並みというデメリットがあるにせよ、さほど教育をめぐる闘争を親が繰り広げなくてよいのが新宿区。親同士のプライドを戦わせるという無駄なストレスを避けたいならば、もっとも適しているといえるだろう。

新宿区の学校データ

学校種別		新宿区			特別区		
		学校数	学級数	在園・在学者数	学校数	学級数	在園・在学者数
小学校		30	349	9610	860	13038	385682
	国立	-	-	-	5	97	3064
	公立	29	325	8826	823	12460	365755
	私立	1	24	784	32	481	16863
中学校		16	179	6211	524	5972	195135
	国立	-	-	-	5	60	2287
	公立	10	88	2677	376	4211	134036
	私立	6	91	3534	143	1701	58812
高等学校（全日制・定時制）		11	…	8217	308	…	225924
	国立	-	-	-	6	…	3246
	公立	4	85	3183	115	2445	85756
	私立	7	…	5034	187	…	136922
大学		9	…	72053	94	…	550772
	国立	-	-	-	7	…	46939
	公立	-	-	-	1	…	214
	私立	9	…	72053	86	…	503619

※新宿区統計より作成（2018 年）

災害にはあまり強くない新宿
水害火事に倒壊の危険も

水に弱いのが新宿の伝統

　地震雷火事親父と天災は各種あるけれども、新宿区でもっとも身近な天災は水害である。新宿区では、総雨量６９０ミリ・時間最大雨量１５３ミリを基準に、洪水ハザードマップを作成している。そもそも、一日に降水量が１００ミリを超える雨など、そうそうあるものではない。気象庁のサイトによると一日の降水量最大は２０１１年７月19日に高知県魚梁瀬で記録された８５１・５ミリ。なので、洪水ハザードマップは最悪の想定をしたものだ。これによると神田川から妙正寺川沿いのほとんどの地域、各所の窪地はあちこちで水没・浸水してしまう。

そこまでの洪水はなかなか想定しにくいが、これまでの大雨では新宿の各地が浸水した事例がいくつもある。牛込地域を中心に窪地になっている地域で排水が追いつかずに浸水する事例も多いが、実は大雨に弱いのは新宿駅周辺の繁華街。これらの地域では建物の地下に水が流れ込んで浸水してしまう事例が度々あるのだ。新宿区に限らず、地下街を持つ地域ではこうした被害が想定されるため東京都地下街等浸水対策協議会を設けて、いざという時の対策や訓練を行っている。いきなり地下街に大量に水が流れ込んで溺れるなんてことは考えにくいが、パニックとなった時に起こる事故を防ぐための対策も進んでいる。けれども、どうしようもないのは、そうした被害とともに起こる交通網の混乱。毎年、台風シーズンになると、電車が運休し帰宅できなくなった人たちで混雑する新宿駅からの生中継は定番中の定番である。

地盤は固いけど火事には弱いよ

さて、2011年の東日本大震災以降、地震に対する備えが意識されているれるのは新宿区でも同じである。津波の被害はありえない新宿であるが、危惧されるのは建物の倒壊と、それにともなう火事である。とりわけ、神楽坂周辺は古い住宅と狭い道が入り組んでいる地域。いざ、大地震が起きたときへの危機感は強い。政府は２０２０年までに耐震化率95パーセントを目標としているが、これは23区のどこもなかなか達成し得ていない。というのも、耐震化のための費用の多くは住宅の所有者負担となるために、費用で尻込みする人が多いのだ。耐震化工事は困難とされているが、一方で費用負担の少ない家具の転倒を防ぐ器具の普及は進んでいる。新宿区の場合は２０１１年まで高齢者や障害者の世帯に限定していた転倒防止器具の無料取り付けを全世帯に広げ、２０１５年からは取り付け数の上限も撤廃している。

過去の地震では、犠牲者の多くが家具の下敷きになったという指摘もある。そのため、家具の転倒を防ぐだけで犠牲者を減らせるというわけだ。とはいえ、家屋倒壊や火事まで防ぐのは容易ではない。新宿区の地震対策は、なんとか下敷きにならずにすませ、下敷きにならなければ走れるのだから、あとは火事に焼かれずに逃げろということか。

新宿区コラム 2

学食にみる新宿区の大学

早稲田大学ばかりが新宿の大学ではない。キャンパスの一部を新宿区内に置く大学を含めると実に13もの大学が新宿区内にあるのだ。また、法政大学の市ケ谷キャンパスなど、「どこから見ても新宿」な千代田区の学校もあったりする。かつての学生街の雰囲気は衰えたとはいえ、やはり今も新宿区は若者と大学の街でありつづけている。

筆者は様々な大学に立ち寄って、学食で飯を食べてトイレを借りるのを趣味にしている。いや決して不法侵入ではない。大学というのは開かれた場所なのだから「関係者以外立入禁止」にしているほうがどうかしているというわけ。

だが、新宿区にはどうしても入ることができない大学がある。それが学習院女子大学である。もとは華族のために設置された学習院を源流とする、真のお嬢様学校。戸山のキャンパス内には女子中・高等科もある。どんな警備の厳し

い大学でも「学食はどこですか？」とか「トイレ貸して下さい」といえば、入れてくれるんだけど、ここだけは絶対に無理。以前、ここで授業をしている学者の研究テーマに興味のあった早稲田大学の学生が聴講を願い出たところ、熱心な学生だと快く承諾を貰えたそう。ところが、許可を得ているのに門前で必ず守衛さんに止められて、確認するまで待たされたという。なんて、折り目正しいセキュリティなのか。そんなお嬢様学校なんだけど、毎年春になると早稲田をはじめ都内各地の男子学生たちがインカレサークルの勧誘に集結。チャラそうなヤツらが門前でビラを手に待ち構えている。お嬢様たちが、ナンタラの王子みたいなヤツの毒牙にかからないことを願っ

て止まない。

やたらと親切なのが、エレベーターのところに「学食は七階」と掲示してくれている工学院大学。ここは、京王プラザホテルの前にある高層ビルがキャンパスという変わり種大学だ。やっぱり安くて美味しい学食は学生以外にも人気なのか、外からやってくる人も多い。ただ、学食なので13時までは学生優先の注意書きも。七階なので、さほど上からということはないけど、やはり高いところで食べるご飯は美味しさが違う。でも、理系大学なので男子学生が大半。

東京女子医大は、女子大だけど男子も入れてくれる。いや、病院のほうは外来患者も多いから当然か。病院の外来棟のところには日比谷松本楼の運営するグリーンテラスがあるのだが、これに加えて学食は別にある。その学食も以前は学食然としていたそうだが、今は「TULIPANO」という名前でイタリアンレストラン風。カフェみたいなオシャレワンプレートからラーメンまでと品揃えは確かに学食なんだけど。

最後に東京通信大学。通信制だけど本部はモード学園コクーンタワー内だから、もしやと訪れてみたが……やっぱり学食はなかった。

第３章
新宿区って今どうなってるの？

新宿の中心はもはや西口である

都心の位置は完全に移った

新宿副都心なんて言葉も最近はあまり聞かなくなった。当たり前だ、実質的に新宿が都心すなわち東京の中心軸としての比重を高めているからだ。もともとの都心である丸の内は確かに都心。ここ数年で再開発も進んでオシャレな街として話題にはなっている。でも、あまり比重の高い街という感じはしない。それに比べると、新宿は比較対象を全地球上の都市にしても、ほかに並ぶところが少ないほどの発展を見せている。第1章で記したように江戸時代に内藤新宿は栄えた。でも、あくまで江戸の郊外の歓楽街としての発展。明治以降、区制が敷かれてからも牛込区や四谷区に比べると、淀橋区は一等落ちた都市だった。それが今や遙かに繁栄をしている。もはや、新宿こそが都心ということは、誰も疑わないだろう。それに、新宿の中心はといえば新宿駅周辺。それも、西口のあたりとなっている。いくら牛込地域や四谷地域の人が「本来の新宿の中心はこっち」と叫ぼうとも、誰も話を聞いてはくれないことは間違いない。

人口も西口優位だが生活環境はイマイチ

辞書を引くと都心とは、行政機関や企業本社、商業施設の集まる地域などと記述されている。つまり、単に賑わっているだけの街では都心とはいえない。新宿が都心たり得ているのは、都庁を中心にしてかつての淀橋浄水場跡に建設された高層ビル群の存在である。この高層ビル群。確かに利用している人は多い。実際、東口と比べてみると人の数でも西口のほうが凌駕している。新宿区役所の公開している統計で記された昼間人口で見てみると西新宿１～８丁目は２００５年には21万７４６３人だったのが２０１０年には23万５０６３人へと増加。対して新宿１～７丁目と歌舞伎町１～２丁目では11万８６７６人から10万8774人へと減少している。これ以降もこの傾向は続いていて東口が盛り返したとしても、どうあがいても西口には敵わないのは確かである。なにせ多くの人数を収容するビルの数が違う。思いつくだけでも新宿センタービル、野村ビル、新宿アイランドタワー、新宿NSビル、新宿住友ビル、そして都庁などなど。いや、これらのビルでどれだけ人が働いているのか。どこにも統計データがないので都庁に電話して聞いてみた。いや、なんか恥ずかしい質問のような気がしたんで「いや〜子供が知りたがっていて」とか言い訳しつつ電話を。都庁の担当部署の回答によれば二つの本庁舎合わせて8500人だという。これに都庁に用事のある人や業者、観光客が入り乱れているから日中にはだいたい1万人あまりの人が蠢いているというわけである。既にビルひとつだけで、北海道の夕張市なんかは凌駕している。だいたいビル6つくらいで全国に792ある市のうち400位くらいに拮抗する。そこで動いているお金の流れは既に世界の幾つかの国をも乗り越える規模だ。

それだけの地域だから駅の利用者も段違いである。新宿駅というと、どうしても東口が賑わいの中心となっているイメージがある。でも、改札別の利用者

現在の都庁完成以来、新宿のビジネスエリアは完全に西口方面に集中するようになった。古い西口の雰囲気を残す建物も残り少ない

数パーセンテージは、東口が8・5パーセントなのに対して、西口は18・4パーセントと圧倒的なのである。

　それでも西口が東口よりも落ちた感じがするのは飲食店があまり充実していないためだろう。勤め人が多い地域だからどうしても飲食店はランチ営業主体。あるいは、一見さん向けの店ばかりで回転率を重視。落ち着いて美味しいものを食べるようなスタイルの店は少ないのだ。単純な飲食店の数なら東口に負けないのに、これは残念。

　せっかく東京の中心となっているのだから、もっとグルメを充実させてもいいんじゃないかな。

工事は一段落したが相変わらず複雑な新宿駅

広場でも立ち止まれない新宿駅

よーし！　夏だ！　山に行くぞ！　夜行で最寄り駅までいって、朝になったら一気に駆け上るぞ！　じゃあ、新宿駅アルプス広場に集合だ！　娘さんよくきーっけよ……誰も来なかった。

いや、毎日新宿駅を使っている人でも「アルプス広場ってどこだよ？」っていうよね。かつて存在した新宿駅発23時50分の信濃大町駅行き急行。それが、アルプス。登山客が多数利用するため、利用者が待機列をつくっていたのが東口改札内のアルプス広場。これ、通称かと思っていたら、東口のトイレ前で頭上を見ると確かに「アルプス広場」と書いてある。それもかなりの大きさで。それでも人々の認識は通路である。だって、ここで待ち合わせをしている人なんて、ほぼ見たことないし立ち止まっていたら危ない。「東口の改札を入ったトイレ前」といわないと、だいたいの人はわかるまい。これぞ「ダンジョン」あるいは「迷宮」と呼ばれる新宿駅の真骨頂だ。なお、アルプスは廃止されたけれど今は夏には臨時列車のムーンライト信州が走るのでお忘れなく。

改修工事も迷宮解消には全く至らず

新宿駅はとにかくややこしい。まず、ＪＲだけでも、なにがなんだかよくわからん。なにせ山手線・総武線・中央線・埼京線・湘南新宿ラインと５路線が走っていて、ホームは16番線まである。東京に長く暮らしている人でも、これらをスルスルと利用できる人はまれだ。例えば「今日は立川に用があるんだよな」と思ったら、まず一旦は表示を確かめないと上りと下りを間違える。出口にしても、よく注意して出ないと南口に出たはずが新南口にいってしまう。京王線に乗り換えるつもりが西口の改札から出てしまったり。

ＪＲ以外の路線も数が多いからややこしい。京王線に小田急線、京王新線。都営地下鉄新宿線に大江戸線。そして、東京メトロ丸ノ内線。これに加えて、新宿三丁目駅と東新宿駅。さらに西新宿駅とか都庁前駅とかが複雑に絡み合っているのだ。20世紀から長らくやっていたイメージのある東口や南口の大規模な工事が一旦は終了。工事をやっていた頃は通路が狭くなるしで余計にややこしくなったものだ。

そんな工事も一段落したから便利になったかと思えばそんなことはまったくない。だって迷宮なのは依然として同じなのだから。最近、特に「どうしてこうなった」と思うのは、京王新線と都営新宿線と大江戸線の新宿駅。だって、バスタ新宿が開業しバスターミナルが駅に直結と思いきや、こちらからは一旦駅から出ないとたどり着けないではないか。まったく便利じゃない。

もっともどうしようもないのは、東口と西口の連絡である。確かに連絡通路はある。駅構内から地下を通れば巨大な広告の掲示場所としてメディアにもよく取り上げられる通路を通っていくことができる。あるいは、思い出横丁のところから狭い地下道を通るルートも。これの利用もやっぱり慣れが必要。東京

写真で表現するのが難しいのだが、かなり慣れている人でも道順を間違えてしまう新宿駅。建て増し建て増しで拡張してきたツケか

に住んでいると大抵の人が「もう、だいたいわかってますよ」と思っていたら、そんなことはない。新宿あたりで待ち合わせをすると、何十年も東京に住んでいるクセに指定した改札口や駅周辺の待ち合わせ場所にたどり着けないヤツがザラにいるものだ。

　この後の再開発のところで詳しく触れるが、そんなややこしい新宿駅ではさらなる再開発構想が進んでいるという。もはや駅に入ったはいいけれど、二度と出ることができなくなって駅で暮らしている……そんな人も出てくるのではないか、と筆者は本気で心配している今日この頃である。

世界の人々が入り乱れる南口

バスターミナルで国際対応はバッチリ？

今や新宿駅南口はいっつも混雑しているスポット。なぜなら、南口にバスタ新宿が開業したからである。正式名称は新宿南口交通ターミナルというこの施設は、高速バスターミナルとタクシー乗り場の合体した施設である。

この施設が建設された第一の理由は、南口跨線橋の整備である。以前の跨線橋は実は1925年に建設されたというシロモノ。21世紀まで、そんな古い跨線橋の上を大勢の人が歩いていたのである。そんな古い跨線橋なので、今後大地震が起きた時には耐えることなどできない。おまけに、歩道は狭い。駅前ということでタクシーが客待ちをしているから車道も狭い。その抜本的な解決策と、高速バスターミナルの整備が合体した事業がこれである。

新宿が交通の要衝となっているのは、鉄道によってだけではない。高速バスも同様だ。とりわけ各社が山梨県や長野県方面へ走らせているバスの需要はものすごく大きい。それらの地域のバス会社は高速バスで東京とを往復する乗客の運賃によって、地元のローカル路線を維持している規模である。例えば、長野県の南信地域なんて最大で一時間に一本の高速バスが東京との間を往復している。途中で特急あずさに乗り換えるよりも格段に安くて早い。中央線が走る沿線でも、高速バスは特急あずさと競合している。多少時間がかかってもよいなら、安いバスを選ぶ需要はものすごく多いのだ。そして、名古屋・大阪といった大都市圏、さらには地方都市へと走る高速バス路線もたくさんだ。

でも、バスタ新宿ができるまで、バス乗り場は酷かった。メインとなるのは、西口のヨドバシカメラ前にあった乗り場。１９７１年４月に開業した新宿高速バスターミナル。ここ、利用したことがある人も多いだろうがともかく狭かった。待合室も狭いし、トイレも狭い。そして乗り場も少ない。結果、高速バス需要が高まり路線が増えると、新宿西口のあちこちにバス停が、あとから追加されるという状況。一時は、ツアーバス形態の業者が増えてさらに混乱。その後、WILLERのように独自のバスターミナルを開業する業者もあった。ともかく、いざバスに乗ろうとすると混乱する利用者も多かった。筆者もWILLERバスターミナル新宿西口は、貧乏旅行の時に何度か使ったことがあるのだが、ぜえぜえ息を切らしながらやってくるが「もう出発しました」といわれて絶望する人を何度かみたことがある。

そんな混乱する高速バスを集約したのが、バスタ新宿。利用しているバス会社は100社を超えるという巨大バスターミナルだ。当初は、コンビニがないなどの問題もあったが、現在はファミリーマートもあり以前に比べると格段に利便性は増している。混雑するターミナルの中で目立つのは外国人観光客である。富士山方面への路線には、どんどんと様々な国の人が乗ってくる。地方都市へと向かう便も同様だ。外国人観光客の増加は知られているところだが、安く日本の各都市を巡りたいという需要を高速バスが満たしているのは間違いない。そうやって混雑するバスタ新宿。問題は、どういう設計なのかトイレが少ないこと。もうこればかりはどうにもならないのか?

新宿駅の改札利用率データ

一日平均乗車人員	76万9307人
改札別利用者	
東口	7.5%
中央東口	5.4%
東南口	2.0%
ミライナタワー改札	1.5%
新南改札	8.2%
甲州街道改札	3.0%
南口	15.2%
小田急連絡口	7.6%
小田急連絡口(地下)	7.0%
中央西口	2.8%
京王口	7.0%
京王連絡口	11.6%
西口	20.8%
利用者男女別	
男性	57.9% うち勤め人42.5%
女性	42.1% うち勤め人23.8%

※各種資料より作成

ゴールデン街の観光地化で元々のアングラ感は壊滅状態

古い新宿を最も多く残す街だったが

ゴールデン街といえば、ネオン輝く歌舞伎町から一歩外れた時代を間違えたような一角。もとは1958年まで青線地帯だった場所。西新宿ガード脇のしょんべん横丁（思い出横丁）とともに戦後の闇市の雰囲気を残す場所である。

かつてのゴールデン街は、おいそれと足を踏み入れることなんてできないところ。あちこちで喧嘩が起こっているのは、いつでも見られる光景。店のママだって気に入らない客には「出ていけ」とかいうしね。21世紀になって世界革命を語っても、まったく違和感のないところ。そんな殺伐感の中で、時にオンナを口説いたりすることもある。怪しげなオカマが集ってきたり、フツーに生きているだけじゃ、見ることのできないものが、ここでは見ることができたものである。そんな街も今では、どんどん変化している。外国人の急増による観光地化によってである。

世代交代はかなり前から進んでいた

もともと21世紀になってから、ゴールデン街の雰囲気は徐々に変わっていた。空き店舗を新たに若い世代が借りることによって、世代交代が始まったのだ。それ以前は、オッサンが中心だった客層も様変わりし女性客も増えた。それに、サブカル女子なんかはゴールデン街で週一くらいはカウンターに入るって子も。こうした世代交代によって、地域は寂れることなく繁栄しているわけだが、そこにやってくるようになったのが外国人観光客。近年の外国人観光客が、一般的な観光地を避けてディープなスポットを巡るようになっているのである。

外国人向けの夜のナイトウォークをうたう観光案内というのはいくつもある。しょんべん横丁で枝豆や焼き鳥を食べたり、花園神社を観光したりというものである。夜の花園神社なんて、闇市時代からずっと「表に出ろ」と啖呵を切って向かう喧嘩の場所。あるいはホテルまで我慢できないカップルがいちゃついてる場所だったんだが、驚くべき変容。そんなのが嬉しい外国人観光客がツアーで、あるいは個人でやってくるのがゴールデン街なのである。

そうした外国人観光客が詰めかけることでゴールデン街の雰囲気は大きく変わりつつある。これまで、基本的に日本人客が中心だったゴールデン街は「ヤバいところ」という共通認識があった。ちょっとでもオイタをすれば、ボコられる危険性が渦巻いていた。

だが、外国人観光客にそんな認識はない。とりわけいまだにおごり高ぶったアングロサクソン系民族は、ただ騒ぐためだけにゴールデン街にやってくる。中には、そうした外国人観光客を相手にして稼ぐ店もあるわけで、結果、靖国通り沿いの小道からゴールデン街の入口あたりは、得体の知れない白人たちが、大声で騒ぐエリアになってしまっている。中にはゴミを散らかし、路上で大騒ぎするヤツらも。バックパッカー経験者からよく聞くものだが、アングロサクソン系民族というのは「旅の恥はかき捨て」の意識が強い。旅先で、羽目を外して騒ぐことに美徳を感じている。ゴールデン街は、その格好のターゲットになってしまい雰囲気を荒らされているのである。

そうだ、アングラ感なんてもともとなかった

こうした白人たちが増加したことによって、従来のゴールデン街の雰囲気は薄れている。アングラ感はなくなってしまい、一種のサブカル。それも、浮ついたサブカル的な雰囲気が溢れる地域となっているのは否めない。

とはいえ、すべての白人たちがそうした無礼者というわけではない。たいていの白人は、ガイドブックなどに掲載されている情報をちゃんと読んでいるのか、きちんとチャージを払って夜の一時を楽しんで帰っていく。乱痴気騒ぎと顔をしかめるようなレベルのとんでもない状況というのは、そんなに目にすることはない。そもそもが、人が路上で殴り合っているのが標準の街なのだから、そんなのではびくともしないのだ。

つまり、アングラ感が壊滅し街の雰囲気が変わりつつあるのは、外国人観光

客の増加とはあまり関連性がないのである。先に記したように、ゴールデン街では古くからある老舗店が栄える一方で、若い世代の店も増えてきた。筆者の知人の編集者やライターにも、そうした店で働いている者もいる。だいたいが、なにがしかの変わったカルチャーに精通している人物である。そうなると、そうした関係者が訪れる。それは、以前のゴールデン街のアングラな文化とは別物である。だから、街が徐々に変化していくのは当然だ。

しかも、ゴールデン街の常連には、こうして増えた外国人観光客を利用している人もいる。筆者の知人に英語が、ネイティブ並みにできるヤツがいるのだが、どうやってそこまで学習したのかを尋ねて驚いた。一度も海外にはいったことがないが、ある程度勉強した後は、頻繁にゴールデン街の外国人観光客が多い飲み屋に飛び込んで、英語で会話をしているのだという。

アングラ感は壊滅しつつあるが、観光地化が進んだことによって、一時は盛んだったゴールデン街の取り壊しという問題も聞かなくなってきた。老朽化の進んだ建物群がいつまでこのような姿を保てるかはわからないが、これからも続いて欲しいと思う。

超上級者向けの飲み屋街として名をはせた新宿ゴールデン街。その潜在能力は今も健在だが、往時の雰囲気は徐々に失われつつある

ゴールデン街は欧米系の観光客に絶大な人気を誇る。狭小なスペースのバーというスタイルが珍しいとのことだ

時代の流れに巻き込まれ衰退する新宿2丁目の現実

ゲイタウンとしての歴史は古い

新宿2丁目。そこは、世界でも屈指のゲイタウン。いくつものゲイバーや、グッズを扱う店。そして、同性同士でも利用できるホテルなんかが軒を連ねている。やってくるのは、ゲイとかレズビアン、そのほか諸々（人間の数だけ性自認はあるから省略）。ノンケの人だってフツーに楽しんでいるし、そうした人を相手にした観光系の店舗もある。

もともと、この街の始まりは赤線・青線……売春街、遡れば戦前にあった新宿遊郭に始まる。それらが１９５７年の売春防止法で壊滅した後にできたのがゲイタウン。もともと、空き店舗だらけになった場所に、その頃既に新宿にあったゲイバーが移転してきたのが始まりといわれる。歴史の本を読むと戦後初のゲイバーは1945年に新橋の烏森神社参道にできた、やなぎ。新宿初のゲイバーは二幸の裏手にあった、夜曲とされる。その後、ちらほらとゲイバーが見られるようになるが、そうした中で1958年に銀座にあった蘭屋という店が2丁目へと移転してくる。1970年代に入ると既に多数のゲイバーがあったというから歴史は古い。蘭屋の経営者は売春防止法施行後に、周辺の不動産を購入し仲間に店を開くことを勧めたのが、2丁目がゲイタウンとして発展する一つの契機になったそうだ。もともとが社会的少数者だからか、街の人々の地域を守るという意識は強かった。それによって街の秩序が維持され、安心して歩ける街になっている。夜中になっても賑やかなのに平和というのが新宿2丁目。そんな街に日本はもとより世界から人が集まるのだ。

ノンケ女子が大騒ぎして興ざめするゲイタウン

ただ、そんな新宿2丁目にも変化の波は起きている。そう衰退が始まっているのである。衰退の最大の理由は観光地化しすぎたことである。これまでも、新宿2丁目はナンパしてくるような男が少ないという理由で、頻繁にやってくるノンケ女子がいた。そうした、本来の街の方向性にそぐわない客によって、本来の街の担い手たちの足が遠のいているのだ。新宿2丁目に足繁く通っているというゲイに話を聞くと、いきなりの本音トークが。

「とにかくノンケ女子が騒ぎすぎです。多くはゲイですから、女は嫌いだし興味がないから、場がしらけるじゃないですか。毎年、大晦日に女装紅白歌合戦というイベントがあるんですが、これをミッツ・マングローブがテレビで宣伝したせいで、ノンケ女子が集まりすぎて前売り券が早々に売り切れ。おまけに、彼女らが騒ぎすぎて、どっちらけになってしまいました。最近は、ゲイバーも新橋や渋谷に分散していく傾向にあり、みんなそっちへ移動してますよ」

さらに、近年のLGBTの政治問題化でデモが行われるようになるなど、歓楽街にイデオロギーが持ち込まれるようになったことを嫌って、新宿2丁目から離れていく人も多いのだという。

また、出会いの場がネットへと移行したことも新宿2丁目衰退の大きな理由。

このあたりは平日から酔客でごったがえしていたと記憶しているのだが、客足はまばら。街が活性化する23時まで待ったんだがなあ

かつては出会いの場であったクラブやゲイバーだが、今では出会いは求められておらず、ネットで知り合った相手と遊びにいく場として機能している。パソコンやスマホから、その手の出会い系サイトにアクセスして「どちらにお住みですか～？」から会話を始めるのは、クラブやゲイバーで探り合いしつつ距離を近づけていくことに比べれば大変お手軽。

「ゲイ雑誌が次々と休刊しているのと同様に２丁目も必要性がなくなっているんですよ」（前同）。

情緒よりもお手軽さなのか……。

新宿の再開発は終わらない高田馬場にもついに変化が

まだまだ続く新宿駅の改築

バスタ新宿もできたし、一段落した感のある新宿駅の工事。と、思っていたら、まだまだ続くらしいというからビックリ。

現在、2020年の完成を目指して東西自由通路の工事は続いている。これは現在は改札内になっている通路を幅25メートルに拡張して改札外に出すというもの。困難だった東西間の移動がとてつもなく便利になる工事だが、それだけでは終わらない。さらに、改札内の現在は二つに分かれている東西を繋ぐ通路の間をブチ抜いて、巨大な空間をつくり駅ナカを充実させるという計画も進んでいるのである。なんかとてつもなく迷宮の移動が楽になりそうだが、それまで、あと何年も工事が続くということか。

これに続いては、ルミネエスト新宿の再開発も予定されているという。かつて新宿ステーションビルと呼ばれていた建物がオープンしたのは1964年。既に築50年を超えて老朽化していることは否めない。このルミネエスト新宿をめぐっては、新宿ステーションビル時代から入居していたビア&カフェBERGが立ち退きを要求されて騒動となり、国会でも取り上げられたことが知られている。ビルそのものの再開発となれば、さらに波乱もあるだろう。

西口を支配する小田急の再開発計画

こんなJRの動きに対して、西口再開発の主導権を握りつつあるのが、小田急である。沿線の複々線化や地下化が一段落した小田急は、西口再開発に本格的に着手している。西口には、もともと小田急の施設が多い。新宿駅の真上には本拠地である小田急百貨店。ビックカメラなどがある新宿西口ハルク。小田急百貨店と京王百貨店の間にあるモザイク通りに、新宿ミロード。そして、地下にある小田急エースなどがそれだ。2011年にはロケバスの待ち合わせ場所として業界で知られている新宿スバルビルも買収。西口の広い範囲は小田急の掌中におさめられているのだ。ここまで記してきたように新宿西口は1960年代以降に建設されたビルがほとんど。これまで、オフィス街を中心にした街づくりが行われてきたものの魅力的な店舗はカメラ屋や量販店ばかりというのが実情。ヨドバシカメラの新宿西口本店は象徴的だが、中が迷路みたいになっていて、使い勝手の点では秋葉原店に比べると劣るのは否めない。そうした街の再開発は極めて需要があると見られているのだ。

果たして、新宿駅はこれからどうなるのか。2018年には東京都と新宿区による、新宿駅周辺エリアの再整備方針「新宿の拠点再整備方針（案）」が発表されている。この計画は壮大なもので地下・地上の2層構造となっている新宿駅の路線上空へデッキ架橋をして地下・地上・デッキ階の3層構造へと改造。線路上空部分に新宿駅の顔となる空間「新宿セントラルプラザ」を建設するという。ようは、線路の上に巨大な空中庭園をつくってしまおうというわけである。当然、付随して前述のＪＲや小田急のビルも建て直しを実施し、高層ビル化が行われることになりそうだ。

既に西新宿では次々とタワーマンションの建設も進んでいる。また、東京医科大学新大学病院棟は2019年に完成予定。これらを追い風として、新宿駅の未来都市みたいな開発も進められる予定だ。ただ、新宿駅の再開発は東京オリンピック以降の開始予定であり、今のところは画餅にすぎない。今後の日本は、少子高齢化で内需が縮小していくわけだから、メインターゲットとなるのは外国人観光客であろう。ただ、既に外国人観光客狙いで商業施設が整備されている銀座を見ても、そんなに賑わっているかといえば首をかしげてしまう。建物が立派で、目立つ店が山のように入居しているのに、物が売れて仕方がないという感じはしないのだ。立派な建物ができたけど、内実は火の車だなんてことになってしまう可能性も否定はできないのだ。

高田馬場駅の泥臭い姿も見納めか

再開発計画は、新宿駅周辺に留まらない。高田馬場駅周辺でも、その動きが始まっている。老朽化したＢＩＧ　ＢＯＸをはじめとする駅周辺のビル群を一括して建て直すというものである。これはＢＩＧ　ＢＯＸをはじめロータリーを挟んだ向かいにある雑居ビルやビジネスホテルなども含んだ大型再開発になる見込みだ。既に２０１８年９月には、ホテルサンルート高田馬場は営業を終了。いよいよ再開発が具体化しそうな見込みだ。これまで雑然とした風景が広がっていた高田馬場駅周辺もガラリと変わっていくことになるのか。

大規模なもの以外にも、新宿区ではあちこちで再開発に手が着けられている。厚生年金会館跡地をヨドバシカメラが取得しオフィスビルの建設に着手しているのもそれ。また、四ツ谷駅前の小学校跡地などの再開発をはじめ、牛込や四谷地区でも、あちこちで再開発が始まっているのである。狭小な住宅が多かった北新宿や西新宿でも、高層マンションへの再開発が進んでいるが、その勢いは牛込や四谷方面へも伸びていくのかもしれない。

そんな中で注目したいのは、環状４号線の建設である。都営新宿線曙橋駅から抜弁天のほうへと歩いていくと、既に道路用地として家屋が移転している地域があるのが目にはいる。これは、現在は靖国通りのところで止まっている外苑西通り、すなわち環状4号線の建設用地である。この地域、とにかく長期にわたって区画整理と道路拡張工事が続いている。抜弁天へと登る坂も、以前は狭い道が二本だったのだが、今は無駄なくらいに広い道路となっている。これは将来的に外苑西通りと接続することが予定されていたためだ。一方、道路拡張工事が続いているのは、外苑東通りのほうも同じ。都営大江戸線牛込柳町駅付近の交差点は、ついに交差点付近の店舗も立ち退き、拡張工事が本格化しようとしている。このところ、マンションが増えたりしてかつての陸の孤島から、ガラリとイメージを変えている地域だけに、道路拡張の価値は高い。

このように、新宿区の再開発は繁華街周辺のビル群だけでなく、狭小なままだった住宅地へと及ぶようになっている。災害の項目でも書いたように、狭小な住宅地域は地震の時には特に危険視されている。また、住人にとっても車の通行にすら不便な道が住みやすいとは言い難いのが事実。新宿区の再開発は、派手なものだけでなく災害対策や利便性など、現在居住している住民にとって住みよくなるための対策面も重視されているように見える。再開発だから、とりあえずビル建設みたいな形にならないことが望まれる。

ホテル不足は落ち着いて利用者の選択肢も多種多様に

ホテル価格の高騰はシャレにならん！

外国人観光客は多いし、日本人ももちろん多い。世界のあちこちから人が集まるのが新宿の街。あまりの人の集中ぶりに2015年頃から盛んに叫ばれたのがホテル不足である。休日はおろか平日でも、どこもホテルが満杯。平日でも通例ならば5～6000円レベルのホテルが1万円台の宿泊料金になっていることも。取材で地方をめぐる時、限られた取材費を活用するために、まず宿泊費を削る筆者。だいたい3000円台で泊まれるところ、あるいは野宿で旅しているので、1万円とかどんな分限者なんだと。だから、地方から上京してきた人と会って「どこにお泊まりですか？」と聞いたら、カプセルホテルやサウナ、マンガ喫茶ということも当たり前にあった。しかも、単なるカプセルホテルまでもが、満員だったりするというから恐るべし。

新宿は民泊にとてつもなく厳しい

でも、ホテル不足が叫ばれる中で新規開業も急増したことで、2019年現在、宿泊料金の高騰は一段落。逆にパイの喰い合いが始まっている様子もある。この原稿を書いている2019年3月の週末、新宿区で今からホテルを予約しようとすると4000円もあれば、カプセルホテルではない個室に泊まれる感じ。有名チェーンのビジネスホテルでも6000円くらいに落ち着いている。ひとまずは、需要に対する供給不足は解消されつつあるのだ。今後、ホテル不足が問題になりそうなのは2020年東京オリンピックの時くらい。2018年にみずほ総研が行った予測によれば、オリンピックが開催される2020年7月には、当然客室が不足。その後、混雑を避けた外国人観光客が秋になってから来日するため11月・12月頃にも客室が不足することが予測されている。それまでは、宿泊料金は下がることになりそうだ。

一時は、どこもが御殿にでも泊まるのかというような値段になっていた宿泊料金が一転、下落を始めたのはとにかく供給が過剰になったこと。とりわけ民泊やゲストハウス、ホステルという新たなスタイルの宿が急増が原因である。とりわけ民泊はＡｉｒｂｎｂが上陸して以来、一躍ブームになったことが記憶に新しい。全国各地で、空き部屋に客を泊めて宿泊料金で儲けようと企む人が急増。中には、そのために部屋を借りるという人も。しかし、マンションの部屋を勝手に民泊施設にしたりする輩も現れたことで、これは問題化。２０１８年以降は民泊新法（住宅宿泊事業法）により許可制となり、その数は激減している。新宿区ではこれより早く２０１７年から条例で制限を始めていたが、この法律の施行で民泊施設の数は激減。それまで４０００件あまりあった民泊施設のうち、民泊新法施行時に届け出があったのは45件だけだったのである。都内では大田区、地方では京都市や福岡市が簡易宿所として届け出をすれば営業許可を与えることに積極的だったのに対して、新宿区では民泊に対して厳しい態度で臨んだ。そのためか、ほかの地域では民泊料金は一般のホテルよりも安く個室でも3000円台のものが多いのに対して、新宿区ではビジネスホテルと同等の価格になっている。宿泊する側からみると迷惑な話だが、既存のホテルを巻き込んだ値下げ合戦で共倒れを防ぐ点では、この措置も否めない。

それでもなお、新宿には一般のホテルとは違う安い宿泊施設が増えている。ホステルやゲストハウスという形態のものだ。両者の明確な違いというものはあまりない。要は、ドミトリー形式の安宿というやつ。二段ベッドなどが並んだ部屋で、多人数が一緒に寝る形態。シャワーやトイレは共同で施設によっては台所もある。かつては、バックパッカーが主な利用者だった業態であるが、最近ではビジネス客も当たり前に利用するようになっている。近年増えているこのスタイルの宿は、なぜか妙にオシャレである。それでいて、料金が低廉に抑えられているから、宿泊費を節約したい旅人の需要が高い。新宿区の場合、限られた業者だけが、民泊から転換し法律に沿ったこういう施設を用意したことで、需要と供給のバランスがとれているといえるだろう。しかし、実際に泊まってみるとわかるが、ドミトリーというのはプライバシーはほとんどない。何日も連泊するには胆力がいるんじゃなかろうか。

ラブホも一般客需要を狙っている

さて、一時期のホテル不足以降、新たに宿泊施設として注目されたのがラブホテルである。ラブホテルといえば、文字通りその手の目的で利用するもの。店舗型風俗が激減してからは、どこの店もラブホテルをプレイルームとして使っているし、利用者は常に多い。けれども、その手の目的のカップルや風俗客だけでは不安定なのかラブホテルも積極的に旅行客を受け入れるようになっている。通例、ラブホテルには予約は受け付けないところが多いのだが、旅行者の需要を見込んだところは予約も可能。それどころか、ホテル予約サイトに登録しているところもある。要は、その手の目的の客も相手にしつつ、一般の旅行客も受け入れるというヤツである。とりわけ外国人にはウケているのか、レビュー欄を見るとやたらと好評価である。たまに、そういうホテルと知らなかったのか驚いている人もいるけれども……。財布と相談しつつ、様々な宿泊施設に泊まることができる新宿区。やっぱり大都会ということか。

東京23区の宿泊施設数

区	総数	ホテル		旅館		簡易宿所
	施設数	施設数	客室数	施設数	客室数	施設数
千代田区	88	21	11398	28	2652	12
中央区	127	66	11781	43	4123	18
港区	154	74	20028	58	6219	22
新宿区	257	34	8215	170	10063	46
文京区	40	20	2533	18	729	2
台東区	452	77	6597	186	6336	187
墨田区	70	23	2630	28	679	19
江東区	55	21	5751	23	891	11
品川区	79	45	7136	23	924	11
目黒区	21	11	954	7	354	3
大田区	94	8	1630	67	4254	19
世田谷区	21	3	239	13	267	3
渋谷区	115	57	5008	46	793	11
中野区	13	3	179	3	59	7
杉並区	18	5	443	9	246	4
豊島区	190	22	5195	143	5627	25
北区	31	12	1004	9	364	10
荒川区	60	9	684	12	219	39
板橋区	25	1	130	13	389	10
練馬区	8	4	340	3	50	1
足立区	39	3	328	30	680	6
葛飾区	32	14	842	5	52	13
江戸川区	45	4	294	35	1748	6

※福祉・衛生統計年報　平成29年度

新宿区コラム 3

新宿から消えたもの、残ったもの

新宿から消えていったものは山のようにある。学生街にとって、また文化の発信地として重要だったジャズ／ロック喫茶や、安価に往年の名画を鑑賞できた名画座などは、少数の例外を除いてほぼ消滅した。

個人的に思い出深いのは、取材で人と会う定番スポットだった新宿駅東口の談話室滝沢。この店が閉店してから既に14年になる。もっとも、閉店してから椿屋珈琲新宿茶寮が入居しているから、相変わらず使っているのだが。滝沢はコーヒーも紅茶もすべて1000円。なのにケーキセットは1200円程度という奇妙な値段設定は、新人時代の筆者には衝撃的だったと記憶している。今でもまだ喫茶店が多い新宿駅周辺だけれども、古い人に話を聞くともっと多くの喫茶店があったという。かつては、喫茶店を事務所代わりにしている人もいた。また、ネットがない時代だから若者たちが会って話をするとなれば喫茶店。

コーヒー一杯で何時間も粘って議論をするのも、日常だった。

　飲食店といえば、藤子不二雄Ⓐのマンガにも登場する十二社にあった白龍。Ⓐ先生はキクラゲタンメンをオススメするが、名物はトマトタンメン。今は、江古田にその流れを汲む店があるという。オシャレになった神楽坂からも美味しかった店が消えた。神楽坂通りにある肉屋さんが営む食堂。なにを食べても美味かった記憶があるのだが、いつの間にか改築されて食堂は消滅。

　神楽坂といえば、新潮社近くにある書店はスゴかった。出版社が多い地域性のためか、編集技術や校正についての本を並べた書棚があったのだ。時代の流れに抗することができなかったのか閉店し、今はブックカフェになっている。他にも、飯田橋にあった深夜営業の書店は、ミステリーのラインナップが充実していた。しかし、売れないのか新本なのに色あせているものがあるのは、味のある光景だった。

また、これは消滅したわけじゃないが、神楽坂にあった日仏会館。いまは、アンスティチュ・フランセ東京に改称してしまった。ものすごく舌を噛みそうな名前なので、どうにかして欲しいものだ。

牛込地域には21世紀初頭まで残っていた古いお屋敷も、だいぶ消えた。牛込柳町駅から牛込神楽坂駅へと上る坂の途中にある交番の向かい。今ではマンションになっているけれど、ここには「どんな金持ちが住んでいたんだろう」というお屋敷があった。筆者が足を踏みいれる機会があった時は、財務省の所有で福利厚生施設として使われていたようだが、内装は豪華。金持ちを象徴するかのような暖炉がある本物のお屋敷であった。こんなお屋敷は神楽坂近辺には、いくつもあったはずだが、今はもうほとんど残っていない。

そう考えると、ゴールデン街や思い出横丁のように観光地化してでも残っている風景は幸せだ。多くの街並みは、忘却の彼方へと消えていくのだから。

第４章

区内最高のエリアはどこだ？

有名だけどビンボー人にもやさしい地味だが暮らしやすい街・四谷

四谷の中心は四ツ谷駅にあらず

ＪＲ四ツ谷駅から一歩出ると目に入ってくる風景といえば、まず上智大学。近所にある名所といえば迎賓館……どっちも新宿ではないじゃないか。

いわゆる「四谷」と総称される地域は、北は靖国通りから南は渋谷区の境界まで。西は外苑西通りあたりまでで、ＪＲ四ツ谷駅があるのは東のはずれ。区の境界にある立地ゆえにか、駅周辺の名の知れた施設はみな他区のもの。雙葉学園雙葉小学校・中学校に高等学校。東京中華学校などの学校施設。そして、ホテルニューオータニまですべてが千代田区のもの。新宿区にあるのは学習院の初等科くらいである。うん、確かに筆者も様々な取材で四ツ谷駅を利用することはあるけれども、新宿区側にいく機会は滅多にないな。

とにかく新宿区側にはランドマークとなるような施設がなにもない。とりわけJR四ツ谷駅あたりで待ち合わせをしようとすると困る。駅前はいきなり半地下のロータリー。その上にある駅ビルは入口がいくつもあるが、目立つ目印はない。だいたい地名は四谷なのに駅名は四ツ谷。バス停は四谷。いったいどっちが正しいのか。『新宿区町名誌』のような資料を見ると、江戸時代から両方の表記が混在していたそうで、どっちが正しいのかも謎。こんなところで待ち合わせをしようとすると地方から来た人はおろか東京の人でも迷ってしまう。絶対に出会える最良の手段は、東京メトロ丸ノ内線の改札で待ち合わせること。そうでなければ、四谷で待ち合わせするなんてことはやめるに限る。

インパクトに欠けるがビンボーでも住める

さて、もともと甲州街道に4軒の家があったから、この地名になったといわれる四谷。新宿駅周辺の繁華街よりもずっと歴史のある地域である。もともと四谷区という一つの区を形成していた中心地だけに、新宿区という意識は低い地域である。第1章でも記した通り、淀橋区と合併することだって反対論が多かった。今では古い住人も少なくなってしまったが「そもそも、戦後の合併で新宿区になったのが間違いの元」という主張は、いまだに説得力を持っている。なにか機会があれば旧牛込区とともに独立する。あるいは旧赤坂区との合併。あるいは渋谷区の北部とともに合併など、様々なプランを夢見る人は絶えない。でも、そんなもの所詮は夢である。残念ながら、旧淀橋区のような繁栄。旧牛込区のようなレトロさのどちらも、旧四谷区には欠けていることは否めない。都心ではあるし、JR四ツ谷駅は総武線だけでなく中央線の停車駅。それに東京メトロ丸ノ内線と南北線もあるターミナル。だから、最近は高級マンションも増えている。それでも、四谷は特徴に欠ける。有り体にいえば「なにもないなあ」というのが四谷のイメージ。筆者の業界では四谷といえばサン出版と、その隣にある創出版。あとは、ひと際ディープな四谷三栄町の飲み屋街。うん、まったく街の特徴としてはインパクトに乏しい。

一般的に四谷でイメージされるのは、靖国通り沿いに乱立している雑居ビル然としたオフィスビル群であろう。そのオフィスビル群に入っている会社に対するイメージは決してポジティブなものではない。「ああ、都心にオフィスを構えたかったけど、家賃が高かったんだな」という具合。新宿駅に近いところが無理なら、四谷。それでもダメなら曙橋。四谷三丁目も悪くはない。そんなちょっと「負けた」感のあるオフィスが目立つ四谷だけれども、それはあくまで四谷の顔の一つに過ぎない。というのも駅から少し離れると庶民的なスーパーもあるからだ。

最近は、マンションが建設されてエセブルジョアによる侵略が進んでいるが、もともとの四谷は古くからの住宅地。基本的には古くからの住人が暮らす戸建てが多め。21世紀になっても昭和風。探せば風呂なしアパートだってあるし、風呂がついていて5万円台の物件だってある。レトロさの点で牛込地域に負けているムードがあるが十分にレトロ。道は狭いし路地も多く、雰囲気は足立区の西新井あたりに酷似している。そう、いくらエセブルジョアに侵略されようとも、いまだに本来の新宿区の中心軸たる雰囲気を保っているのが、四谷地域なのである。ボロアパートにひとり暮らしなら高円寺よりもこっちがいい。

大通りから一歩中に入ると急に閑静な住宅街になる四谷。値が張りそうなマンションもあれば、かなりのオンボロアパートも健在

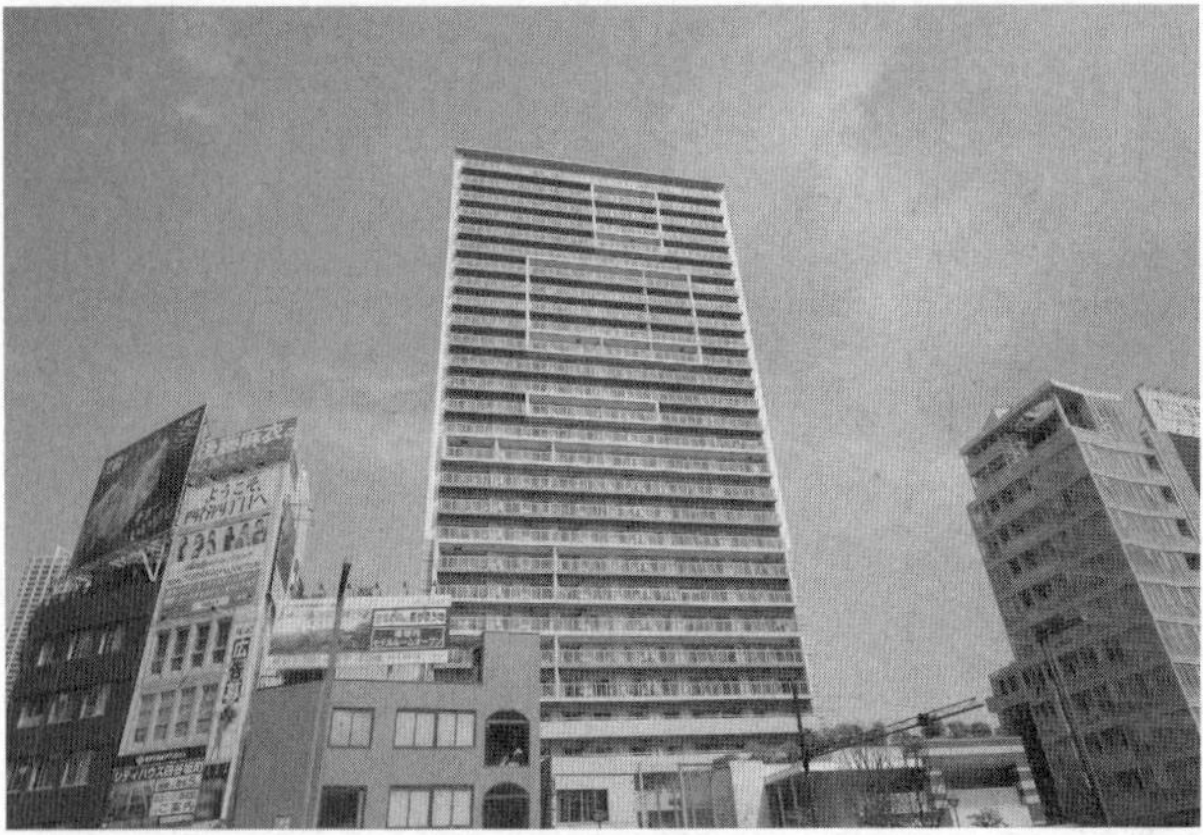

四谷3丁目などのメイン地域には高層マンションもある。やはり国道20号沿いのほうが開発は活発に進んでいる

ブランド力は高いが実態は微妙な信濃町エリア

個性的なのか地味なのか判断が難しい

信濃町一帯で外せないのは慶應義塾大学病院と創価学会。信濃町に用があるといえば、だいたいこのどちらかの施設である。とりわけ、創価学会に関していえばさすが本部のある地域。門前町の雰囲気が漂っている。駅前の書店には関連書籍が充実しているので本好きには結構興味深いスポット。筆者はここで、丹波哲郎主演の映画『人間革命』のＤＶＤを買った。

それに比べると慶應義塾大学病院は、ちょっと影が薄い。新宿区内の病院では東京女子医科大学病院と並ぶ巨大な総合病院のはず。大学病院ということで若い医学部の学生もたくさんいるんだろうけど、なぜか大学感がないんだよね。

やっぱり、学費のメッチャ高い大学だけに「験勉してる〜！（これは受験か）」みたいな雰囲気の学生なんて皆無なんだろうな。

さて、信濃町に隣接する南元町・若葉はといえば東京に住んでいても一生に一度も近寄ることはなさそうな住宅しかない地域。かつては、文化放送の社屋があって地域の自慢になっていたんだけど、取り壊されてマンションになってしまった。この地域「閑静な住宅地」が広がってはいるものの、窪地になっているところも多くて、どことなくうらぶれた感じが否めない。

それもそのはず、第1章でも触れた東京三大スラムのひとつ、かつ最大のスラムだった四谷鮫河橋は、このあたり。現在の地図ではみなみもと町公園へと下っていく道沿いにスラムが広がっていたとされる。いや、東京というところ、もとはスラムだったけど、今は住みやすそうな住宅地になっているところも多いのだが、ここは違う。スラムの痕跡などまったくないというのに。

でも気にすることはない。東京なんて50メートル四方でだいたいひとりは人が死んでいる地域。空襲で焼かれた地域ともなればもっと密度は高くなる。そんなことを気にしていたら都会には住めない。

新宿区なのにえらい不便な大京町周辺の厳しい事情

雰囲気は劇的に良くなったけど

大京町・須賀町・内藤町に左門町。このあたり、やっぱり用がなければ来る人もいない新宿区の秘境地帯。とはいっても温度差はあって、靖国通りに近い側では再開発が進んでおり内藤町にはタワーマンションも見られるようになってきている。内藤町あたり、ちょうど新宿御苑の裏にあたる地域で長く続く塀がザ・裏という雰囲気を漂わせていて「負けた感」が強かった。そんな地域にできるタワマンは、いったいどういう人が買うんだろうという価格設定。そうした新住民の登場で、街の雰囲気は変わる……いや、変わらないと思うな。

なにせ、この地域は裏に一歩入れば本当に純粋な住宅地。午後11時ともなると、田舎町でもこんなに静かにならないだろうというくらいに街は静まりかえっている。遠くに煌々と輝く新宿副都心のビルが、ここを都会だと認識させてくれるがあたりは暗闇。外苑西通りに接した地域は、まだ車も走っているけれどもその数も少ない。裏路地なんて、完全に年中無休で肝試しができそう。結局、タワマンができたことで人口は多少は増えるかもしれないが、なにか地域に人が集まるスポットができるなんてことは絶対にない。

この地域の発展を阻害しているのは、交通の便の悪さである。最寄り駅は四谷三丁目駅か新宿御苑前駅。あるいは、信濃町駅になるだろう。でも、地域の多くの人は言う、「どの駅からも遠い」と。ある程度の地方都市になれば、最寄り駅まで徒歩15分とか20分なんて当たり前。でも、東京都内でそれは絶望的な距離である。しかも坂の上り下りがあるんだから。申し訳程度にバスも走ってはいるけれど、交通の便は極めて悪い地域。かつ、老人は住みにくい地域といえるだろう。じゃあ、戸建てで車を所有していれば、多少は便利になるかといえば、そんな可能性はゼロなんだなコレが。道は狭いし一方通行も多数で運転は厳しい。そう、都会生活の上級者しか、ここでは暮らせないぞ。

荒木町は健全な住宅地でもあり粋人の集うハイクラスタウンでもある

四谷の最奥地にある謎の街

なにもかもが花がなくビミョーな雰囲気の四谷。その最奥地にあたるのが荒木町から四谷三栄町にかけてのエリアだといえる。この地域「小規模のオフィスビル」とオブラートに包んだような物言いをしても隠しきれない、妙な雰囲気のビル群。奥へと進めば雑然とした住宅街が広がる奇妙なエリアである。

そんなビミョーなエリアだが、昼間はサラリーマンが多いこともあってか飯屋やラーメン屋も多い。でも、当たり外れが凄まじい。いつもひっきりなしに行列している店舗があるかと思えば、とんでもない店も。これまでの人生で忘れ得ないのは、あるラーメン屋。なぜかラーメンを茹でる鍋が片手鍋。それで麺を茹でてから、流しにあったテボに移して湯切りを始めるという具合。もう、どれだけ適当なのだと、そんな店に入ってしまった自分を馬鹿野郎と責めるしかなかった。

超ハイレベル！　どうにも入りにくい飲み屋街

そんな街は夜と昼とで姿が一変する街でもある。夜になるとあちこちの飲み屋に、どこから涌いてきたのかと人が集まるのである。それも安い店ばかりではなくちょっと高級な店も混じって軒を連ねる飲み屋街……大人のワンダーランドへと！　そう、この大人のワンダーランドこそが、荒木町から四谷三栄町あたりの本領である。もともと、この地域は歌舞伎町なんて及びもしない伝統のある歓楽街なのである。その中でも特にディープなのは、杉大門通りから一本入っていったあたり。そこには、21世紀の今でも闇市のようなエリアが残されている。もはや、ゴールデン街もしょんべん横丁も観光地化が進んで、店に入るだけなのに勇気が求められるいかがわしさは消滅しつつある。そんな21世紀だというのに、ここいらは違う。間口の狭い飲み屋は、どうにも一見では入りにくそう。きっと店ごとに常連がいて思いもよらないローカルルールであることは想像するまでもない。こんな店に、フラリと入って楽しい酒を飲めるようになるには、相当な人生の修羅場をくぐらなくてはならない。そして年齢。きっと40代でも若造扱い。20代なんて店に入れて貰うこともできないんじゃなかろうか。うん、まさに大人の雰囲気。

みんな日が暮れたら寝る民族か？

そんな街が夜遅くまで繁盛している一方で、住宅街の夜は早い。午後7時ともなれば既に、夕食も終えて団欒タイム。あるいは、風呂に入って眠りに就こうとしているムードの家々が並んでいるのだ。とりわけ、新宿歴史博物館あたりは、その時間になると完全に深夜とイコール。オフィスビルと飲み屋街。そして、住宅地とが入り乱れる、ここはアウターゾーン。このあたりで夜中の散歩をしていると角を曲がるたびにワクワク感が止まらないんだよね、これが。

ゴールデン街、2丁目が荒らされた今、新宿の玄人向け飲み屋街は荒木町のみとなった？　相変わらず隠れた高級飲食店街として健在

荒木町の飲み屋街は狭く、ほとんど通り1本のみ。少し離れてしまえばこの有様で、周りは古くからの住宅街しかない

栄光のフジテレビ全盛期を育んだ曙橋は今や昔なのか

街と新住民の相性はイマイチ

かつての賑わいが消え去り寂しさが漂う街。それが、曙橋である。この街の賑わいの中心があるのは、あけぼのばし通り商店街。ここ、かつては不夜城のごとく繁栄する商店街であった。それは、かつてこの地にあったフジテレビによるものだ。多くの人が集うテレビ局が存在することで、深夜でも多くのラーメン屋などが賑わい、美味い店もやまのようにあった。だが、そのフジテレビは１９９７年４月にお台場へと移転。街はフジテレビのおかげで繁栄していたのに、ただの一店舗もついていくことはできなかった。そう、日本のみならず世界各地で起きている地域のドル箱となっている工場が移転して、街が滅びるような現象。それが、この曙橋で起きてしまったのである。フジテレビなくしては、もはや繁栄などはあり得ない。それでも、奮起しようとしたのか、あるいはフジテレビがけじめをつけなくては悪いと思ったのか。社屋移転直後のバラエティ番組では、それまでのフジテレビ通り商店街の看板を爆破するというイベントも行われた。でも、そんな儀式をしたところで、地域の外から「じゃあ、ちょっといってみようか」なんて思うヤツが出てくるはずもない。街はどんどん沈んでいった。なにも打開策があるわけではなく、ただかつての栄光にすがるばかり。2000年代前半に、このあたりのラーメン屋なんかに入ると「昔は、ウチも繁盛していてねえ」と慰めにもならない、自慢話を聞かされることもたびたびあったものだ。

そんな終わった街にそびえるのが、河田町コンフォートガーデン。これは、フジテレビ跡地に建設された巨大なマンションである。そこには、大勢の人が引っ越して来たが、それで賑わいが戻ってきたりはしなかった。当たり前である。元来、フジテレビ関連の人々が利用するように最適化していた商店街。マンションになったからといって、そこの住人たちが利用するわけじゃない。こうして、もはや移転から20年が過ぎようというのに、河田町コンフォートガーデンの住民たちにとって商店街は、いわば空気という光景に変わりない。

駅の便利さ以外は魅力皆無の若松河田

この河田町コンフォートガーデンという壁の向こうにあるのが、若松河田の街である。いったいどういうつもりなのか二つの街は河田町コンフォートガーデンを挟んで階段でしか繋がっていない。まったく不便なのだが、特に問題はない。というのも、若松河田なんて東京女子医科大学病院を除けば、まったく見るべきところがないからだ。スーパーはあるけど商店街もほぼ存在せず。通り沿いに商店がちらほらとあるくらい。新宿区のド真ん中だというのに、まるで西武線とか東武線に乗って埼玉の奥地で出会う光景と変わらない。病気になった時は安心かもしれないが、ここに住むメリットはあまり感じられない。いつものスーパーで代わり映えのない買い物をするだけの日常。いくら新宿駅周辺の繁華街が近いからって割り切れるだろうか。

新宿区の主な商店街とあけぼの橋周辺の規模

	小売店			大型店舗		
	事業所数	年間商品販売額（百万円）	売場面積（㎡）	事業所数	年間商品販売額（百万円）	売場面積（㎡）
新宿区計	2,128	1,082,407	434,709	643	775,037	297,824
高田馬場駅西口	45	7,989	6,461	3	2,793	2,805
高田馬場駅東口	77	16,639	11,845	20	7,774	6,538
早稲田通り商店街	56	3,648	3,620	-	-	-
住吉町・市谷台町	30	4,264	2,140	-	-	-
四谷大通り	94	17,024	7,656	9	4,045	2,383
新宿１・２丁目	88	23,938	9,721	5	4,034	4,257
新大久保駅東口	63	15,296	8,215	1	X	X
百人町	31	6,685	3,652	-	-	-
新宿税務署通り	18	4,634	1,611	-	-	-
新宿駅西口	355	349,681	132,202	258	294,339	117,770
新宿駅西口地下街	36	5,711	1,383	-	-	-
新宿サブナード	42	3,977	3,114	-	-	-
大久保駅西口	31	6,110	3,359	-	-	-
歌舞伎町	84	20,833	11,584	25	5,276	4,995
新宿駅東口	78	85,445	43,367	37	70,832	34,536
新宿駅前商店街	58	44,710	20,029	29	28,804	13,732
新宿３丁目	141	311,421	86,609	100	292,074	77,717
新宿駅周辺	164	48,864	19,504	146	46,172	19,211

※経済産業省立地環境特性別詳細情報より作成

様々なキャラクターが集う余丁町は新宿の秘密エリア？

個性がありすぎて潰れちゃった？

つい十数年前、余丁町。抜弁天の角にはすごいラーメン屋があった。店名を志村軒。店の看板には「なんちゃって」とか「創業○○光年」とか書いてあって、とにかく狙いまくって滑っている店だった。メニューの名前も同様にダジャレが満載。味も悪くないのに、店主はどうしてあんなに暴走してたのか。

この余丁町というところ、周辺に駅のない鉄道空白地帯である。最寄り駅は都営大江戸線の東新宿駅か若松河田駅。もしくは都営新宿線の曙橋駅である。そして、それらの駅からはどれも絶妙に遠い。とりわけ、東新宿駅と曙橋駅との間はキツい坂である。もともとは、都電も通っていたルートなのに、なんでこんな見捨てられたような土地になってしまったのか。そして、なぜか様々なキャラクターの人が住んでいる。もともと新宿区というところは、明治通りを境に住んでいる人の雰囲気が変わる。東新宿駅のところを起点にすると、明治通りよりも西は歌舞伎町や百人町。すなわちヤバい人が比較的多め。対して東は平和な住宅地。これは基本的に間違いじゃないのだけれど、余丁町の抜弁天あたりは緩衝地帯といえる。銭湯にいくとよくわかるけど、ほんと様々なキャラクター性を持つ人が住んでいるのだ。靖国通りから北へと延びる放射6号線は、このあたりで環状4号線と接続予定。そのために、道路用地の確保も進んでいるが、まだまだ古い町の風景が残っている。以前よりは寂れたとはいえ、ビミョーな感じの商店街が残存しているのだ。安いスーパーもあるし、昔ながらの商店もあり、かつての非繁華街な新宿の街の様子がわかる。

そして、大通りから外れると街はほとんど迷宮である。戸建てであっても間口は狭く小さい。私道の奥に何軒もの家が重なるように建っているところもある。そして、風呂なしのアパートも。崖みたいに土地がガクンと下がっているところもあったりして、なんとはなしに湿っぽさがある。富久町ですらタワーマンションの建設を契機として、多少は変化をしているのに、このあたりは環状四号線のために整備された区画を除けば、戦後のドサクサが残っているように見える。いや、むしろ環状四号線による区画整理で建て直したであろう戸建てのほうが、新品過ぎて浮いている。

ここは新宿の隠れ里なのだ

この独特の街の昏さの原因は、やはりここが刑務所跡であったことだろう。余丁町にある余丁町児童公園には「刑死者慰霊塔」なる石碑が建立されている。ようは、処刑場があったというわけ。１９１１年には、大逆事件で幸徳秋水らが処刑されたことは、今では土地の人にもあまり知られてはいない。処刑場イコール昏いというわけではないが、刑務所や刑場などが設置されたところを見ると、あまり人が住むには適した立地ではない荒れ地であったろうことは間違いない。様々な要因が絡み合って、寂しさの漂うこの土地は新宿の隠れ里といえるだろう。

本物の江戸が残る牛込は真のセレブ地帯だ

伝統があるだけに面倒も多いんだけどね

神楽坂という地名に圧されて、いまいちメジャーにならない牛込という地名。本来は牛込の一部が神楽坂というのが正しいと思うのだけれども、そんな風に考える人は少ない。長らく南榎町に暮らしていた筆者だが、わかりやすく「神楽坂に住んでいる」というと「そこ、神楽坂じゃないから」と突っ込まれたこともしばしば。一般的に「牛込」として扱われるのは、旧牛込区の中でも早稲田や戸塚を除いた地域。特に周囲を坂に囲まれた台地上の部分は江戸時代より武家地や寺社地として発展してきた新宿の核心。いや、東京の中でも本物の山の手だ。ゆえに自分たちを「牛込住民」として認識している人は今でも多い。

そんな地元意識の結果が、旧町名の存続である。二十騎町とか払方町、北山伏町とか江戸時代を感じさせる町名が数多く残っている。江戸時代の地図と照らし合わせると、道がそのままというところも多い。そんな山の手の意識のままに、現在でも古い洋館が残っているし、田園調布よりも迫力のある豪邸が建ち並ぶ地域もある。

牛込地域が、このような特異な発展を遂げたのは、交通機関がほとんど存在しなかったことが大きな理由だ。１９３０年の『牛込区史』には交通機関は「区内には都電を除いて見るべきものがない」と記されている。しかも、この都電13系統（抜弁天から新宿駅へと向かう路線）も高度成長期には廃止。その後、大江戸線の開通までは完全に陸の孤島となっていたのだ。大江戸線の開通によって、マンションも次第に増えはしたが、街の雰囲気に大きな変化は見られない。最大の特徴は、住居表示を実施していないこと。なので、地番が本来は1から順に並んでいるはずが1の次が5だったり10だったり。宅配便なんて担当者が変わると「家はどちらでしょうか」と電話してくることもしばしばあった。そんな風情の残る地域だけれど、住人も江戸っ子気質で情に篤いかといえば真逆。筆者が住んでいた頃に、近所の土地がマンションになることになって周辺の住民が反対運動をやっていた。この時、突然訪ねてきたオバサンが、来意も告げずに「ここのアパートの大家さんはどこか教えなさいよ」と来たものだ。あの上から目線はなんだったんだろう。ひとまずお帰り頂いて不動産屋に電話したら不動産屋も「ああ、うちにも来たけどすごく無礼なので教えなくていいよ」だって。今回の取材で、そのことを思い出しながら、くだんのオバサンの家の前を通りがかったら、マンションになっていた。ここに、ようやく恐るべき牛込住民の本質……本物の新宿区の正体を見た。

そんな地域ではあるけれども、古くからの住民と交わらないのであれば、住むのに最適なのが牛込であろう。なにしろ、最寄りは大江戸線だけでなく、東西線の神楽坂駅もある。急いでいる時には新潮社の前まで走れば、必ずタクシーが止まっている。市ヶ谷駅からも歩けるから、終電は遅くまである。最悪、新宿駅からタクシーに乗っても1500円程度。陸の孤島だったはずなのに、今や東京のどこを探しても、ここまで交通の便がよい地域はない。小金を持っているなら、すぐに引っ越したほうがいい。

今では憧れの神楽坂も つい最近まで普通の商店街だった

すっかりビンボー人お断りの街に

かつては、ちょっとお高めな山の手の商店街。そんな神楽坂も、今じゃすっかりスカした街になってしまったな。なんかここで本を読んでる自分がカッコイイみたいな空虚なブックカフェみたいなのとか。あるいは、目から火がでるような値段のパン屋とか。自由が丘でも狙っているのかみたいな普段づかいには適さない、店ばかりが目につくようになってしまった。

こんな変化が始まったのは2007年頃から。この年1月からフジテレビ系でドラマ『拝啓、父上様』が放送された。これが神楽坂ブームに火をつけた。ブームにあてこんだ商店街は『拝啓、父上様』のテーマソングを流し続ける。

朝から晩まで森山良子の歌声が流れ続ける商店街にやってくる観光客たち。この地域に残っていた築数十年の民家が次々と和風のカフェに改築されて「隠れ家的なカフェ」として、注目されるようになったのは、この頃から。ランチタイムには回転率が二倍になったとかで喜ぶ店もあったけれど、観光客の急増はいわばイナゴの大群のようなもの。逆に、サンダル履きで行けるような店はどんどんと姿を消していった。気がつけば食堂もなくなるし入店する時には、財布の中身を確認してから「よし、いくぞ」と服装を確認して、気合をいれなきゃいけない店も増えた。

そう、神楽坂ブームなんて商店街を普段づかいしている生活者視点では、迷惑このうえなかったのだ。これは都内でも北区赤羽や葛飾区立石でも起きている現象。「大人の○○」みたいなのに影響されたヤツらが押し寄せて、地元民が小さくなって暮らさないといけなくなるアレ。儲かるために、商店の側はそうした客も断ることはない。でも、それは継続性のあるものではない。だから、ブームに溺れることは衰退の第一歩なのである。

それでも、赤羽や立石に比べるとブームによるスカした店の増加する光景を別に気にしない住民が多いのも事実。それというのも、神楽坂周辺住民はもとより高級志向。いや、物価が高いのが当たり前に慣らされてきているからだ。そのことがよくわかるのはスーパーマーケット事情。大江戸線の開通以降、もう20年あまりにわたって、この地域ではお高めスーパーがしのぎを削っている。発端は、大江戸線の開通で増加する人口を狙い２００３年に牛込神楽坂駅近くにオープンした京王ストア。これに対抗するべく、神楽坂通りにある、神楽坂ＫＩＭＵＲＡＹＡは細工町に二号店を出店。同じく神楽坂通りにある、よしやも巻き込んで戦いは続いている。この２００３年以降のスーパー戦争、最初に脱落したのが神楽坂通りにあった丸正。都内では知られたお手頃価格スーパーなのだが２００７年に閉店してしまった。高級志向のスーパー同士の争いに敗れて、安いほうの店が撤退する。これこそが、神楽坂住民の高級志向を示している。物価は高いのが当たり前に慣れ、さらによい品は決して安くはないが、この土地の常識となっているのだ。それについていけない人はどうするか？江戸川橋の商店街にいくしかない。そっちだったら、ビンボーな庶民も温かく迎えてくれるから……。

高い店ばっかりでやっていけるか！

さて、もともと神楽坂とは、外堀通り沿いから神楽坂上の交差点までのこと。現在は、住居表示で神楽坂6丁目までが存在するが、実は神楽坂ではないところも含んでいる。例えば、東京メトロ東西線の神楽坂駅があるのは、もとは矢来町であって神楽坂ではない。今では、北は文京区、東と南は千代田区、西は外苑東通りあたりまで「神楽坂だ」と言い張る人がいるがそれは間違いだ。

そんな神楽坂の再開発は、21世紀に入ってからで、残存していたお屋敷はだいたいがマンションになった。東京理科大と周辺の再開発も一段落した。広い意味での神楽坂を見渡しても、もう特段再開発をするような広大な土地もない。よって、この地域で求められているのは、今ある景観の中でいかに町を継続していくかである。神楽坂ブームは定着し、お高めの店があるままでずっとやっていけるのか？　きっとそんなことはないだろう。なぜなら、ガストや小諸そばはいつも混雑しているじゃない。まだまだ日本は貧しいんだ！

お高い神楽坂エリア隣接の庶民にも住める江戸川橋

なんだか安心できる雰囲気が

神楽坂から崖の下へ。神田川のほうへと向かえば、華やかさとは無縁の土地が広がっている。東五軒町、西五軒町、新小川町、水道町に改代町。ここは、新宿区の中でも独特なプロレタリアな街。数々の印刷工場や製本工場が点在し配送トラックが始終走り回っている。そうここは日本でも屈指の出版関連産業の集積地帯。いまや出版不況と呼ばれて売上は下降気味のはずなのに、いまでも賑やかだ。そんな地域を歩いていると、やがて東京メトロ有楽町線の江戸川橋駅へとたどり着く。このあたりを地図で見ると、なんだかおかしい。神田川が境界になるはずなのに、神田川を挟んで新宿区と文京区の境界が入り乱れている。これは、江戸時代にこの地域が小日向村に所属していたのが理由。明治になって、小日向村は小石川区になったが、その後一部が牛込区に所属変更となった。その時の名残がこれである。資料には残っていないけど、きっと「うちは、絶対に小石川区に入れて貰うぞ！」なんて頑固な人がいたんだろうな。

そんな地域だから、前述の東五軒町などに築地町や赤城下町なども加えたエリアは神楽坂よりも江戸川橋のほうに親近感を持つ住民が多い。どのへんで変わるかといえば、神楽坂に向かう時に坂がキツいか否か。坂のキツいエリアの人は頭上で繁栄する神楽坂には親近感を抱かないのだ。

神楽坂に比べ、東京メトロの駅だというのにマイナー感のある江戸川橋駅。地域の中心となるのは地蔵通り商店街である。この商店街、神楽坂のスカした雰囲気とは真逆。とにかく安くて庶民的なのだ。神楽坂の商店というのは、だいたいが、なにやら横文字が書かれた輸入食品。有機栽培など「良い品ですよ〜身体にもいいですよ〜」と、意識高くアピールしてくる。これに対して、地蔵通り商店街のほうは、なんだかわからない講釈を垂れずに良い品＝安いで押し出してくる。とことん庶民的な商店街なのである。

江戸川橋の商店街は、商店街マニアもうなる隠れた名所。今時珍しくなってしまった米屋、個人の八百屋なども元気に営業中だ

その庶民性ゆえに、平均的な収入かそれ以下の人ならば神楽坂よりも「暮らしやすい」という感想を抱くだろう。わずか徒歩10分程度(坂がキツいけど)移動するだけで、物価までもがガラリと変わるとんでもない現象が起こるのである。実のところ、普段は「高くてよいもの」を求めていると主張する神楽坂住民も、安いものを求めて江戸川橋までやってくる事例が増えているようである。たった数百円の違いであっても、積もり積もればけっこうな金額になってしまうもの。そのことに気づいている人も多いのか。江戸川橋寄りに住んで神楽坂住民を名乗る……。

すっかり不便な場所となった早稲田に変化の波がきた？

有名だけど用のない早稲田

日本国内に住んでいて、早稲田という地名を知らない人はほとんどいないはずである。「都の西北ワセダのとなり〜」という、バカ田大学の校歌も誰もが知っている歌だしね。日本でも一、二を争う有名私立大学の名前にもなっていることで、地名だけなら誰もが知っている早稲田。でも、実際に早稲田エリアを訪れたことのある人はどのくらいいるだろうか。

考えてみると、普通の人が早稲田に用があるとすれば早稲田大学にいくことくらい。わざわざ訪れる用があるとは決して思えない。弁天町に草間彌生美術館がオープンして最寄り駅は東京メトロ東西線の早稲田駅だけど、別にそれで街が賑わっているわけでもない。カボチャまんじゅうとか、水玉もなかなんてないし。ほんと、この地域には案内するものがなにもない。日本三大仇討ちのひとつに数えられる高田馬場の決闘の時に堀部安兵衛が助太刀前に景気づけで立ち寄ったとされる酒屋・小倉屋なんていう歴史的な名所もある。でも、今も営業している酒屋だから、当然、フツーの酒屋である。一応、地下鉄駅の周辺は繁華街っぽい雰囲気もある。それでも、夜は早い。終電の時間になると完全に街は寝ついていしまう。牛丼屋やコンビニなど24時間営業の店舗もあるのだけれど、どこも暇そうにしている。見るべきところがなにもないのが、早稲田の特徴だ。

都電廃止の影響をもろに受けた土地

誰もが知っている地名だというのに、特に見るべきところもなく寂れきっている。早稲田がそんな街になっているのは、なにをおいても交通の便の悪さ。早稲田駅を除けば、広範囲に駅がないことが最大の理由である。一応、都電荒川線の早稲田駅もあるんだけれど、都心へ接続しているわけではないから、早稲田住民にとっては、特に役にも立たない。

高田馬場までは歩くことはできるし、街も途切れているわけではない。だけど徒歩圏内というにはちょっと遠い。とりわけ悲惨なのは新目白通りに近いほうのエリアである。こちらは悲惨そのもの。最寄り駅は江戸川橋駅のみ。あとは、都営バスが交通手段。都心、それも山手線の内側なのに鉄道が使えずにバス利用なんて、負け組ムード満点だ。

でも、これは住民にはなんの罪もない。このような悲惨なことになってしまったのは都電が廃止されたからである。もともと早稲田地域には都電荒川線だけでなく、江戸川橋を経て上野方面へと向かう39系統という路線が通っていた。この路線が存在することで、早稲田は今よりも広いエリアが「電車もあって便利」な地域だったのである。しかし、高度成長期に、この路線は廃止されバスに置き換わってしまう。このことに対する住民の恨みは、いまだに消えていない。戦後、神田から早稲田鶴巻町に引っ越してきた人に話を聞いたことがあるのだが「都電の停留所も目の前。商売をやっているので、ここなら便利だと思って引っ越したのに、バス停になってしまった」と、21世紀に入っても高度成長期のでき事を昨日のように思い出し、怒りを拡大再生産していた（このあと、早稲田鶴巻町で区画整理をした時に、地域の代表になった住民が自分が一番有利な仕切りをやったことへの怒りをぶちまける一幕があったのだが、もうみんな鬼籍に入ったことだしここに書くのは止めておこう……なまじ都会に土地を持っていると、みんな必死だな）。

こうして、早稲田では広いエリアが見捨てられた後進地域のようになってしまった。そうした取り残された地域には、早稲田大学が近いこともあってかいまだに風呂なしアパートも多い。付随して銭湯もある昭和感を残した独特の街が継続している。とりあえずマンションみたいな再開発の魔の手にあまり毒されずに街が継続していることを考えると、負の側面ばかりではないのだ。

オリンピックのおかげで便利な西早稲田周辺

さて、そんな早稲田であるが多少は交通網の整備も進んでいる。２００８年に副都心線の開業にともなって開業した西早稲田駅である。

この地域、JR高田馬場駅へも徒歩圏内ではあるけれども、ちょっと遠いというビミョーに不便な場所であった。なので、ここも駅ができてさぞや発展……はしていない。こちらも早稲田地域だけあって見るべきものはなにもない。名所といえば、学習院女子大学であろう。この学校はスゴイ。ホントに深窓の令嬢みたいなのが校門の警備員さんに「ごきげんよう～」とか挨拶しながら歩いているんだ。日本にも階級社会はあるし、貴族っぽいヤツらはいるんだと実感できる数少ないスポットである。

急速な発展は見られないものの、こちらは東西線の早稲田駅寄りのエリアよりも利便性が高い。重要なのは、オリンピック早稲田店の存在であろう。スーパーではなくホームセンター的な品揃えをしているから、普段の買い物はだいたいここで完結する。この店2007年に小学生が花火に放火して店が燃えるというとんでもない事件が起こったことがあるのだが、復旧までの間買い物が不便になった近隣住民の怒りは凄まじかった。そのことからも、いかにこの店が重要視されているかを教えてくれたものである。

副都心線のおかげでようやく交通不毛地帯から逃れられた早稲田西部エリア。とはいえまだまだ不便なイメージは根強く残っている

山手線の駅である高田馬場駅も徒歩で利用できるので、もし早稲田に住むのであれば東西線よりも副都心線寄りで物件を探したほうがいい。

このように地名が知られているにもかかわらず、とかく不便なのが早稲田の実情。でも、神楽坂のようにオシャレな店があるわけでもないから、普段着で暮らせる安心感がある。コンビニに、煙草を買いにいくだけでも、着替えなきゃいけないような街というのは、やっぱり暮らしにくいもの。その点、パジャマで歩いていても、誰も気にしない早稲田の街は、安心して暮らせるんじゃないかな。

天神町と山吹町
それは新宿の秘境

平和すぎて静かすぎる街

天神町から山吹町にかけての一帯。そこはかつて、新宿区の中でも秘境中の秘境、数ある新宿区内のマイナーエリアの中でも、特に秘境感の強い地域であった。とにかく、ネジが切れたように秘境かつ平和。筆者が南榎町に暮らしていた頃のことだが、管轄はここいらにある交番で、引っ越してからしばらくすると、巡回の警察官が回ってきた。怪しまれないように住所を書きつつ「じゃあ、なにかあったら交番にいきますね〜」とか話したところ「いや、交番はあんまり人がいないので牛込警察署までいってください」というのだ。人がいない交番なんてアリかと思ったが、その後いつ前を通っても警察官の姿を見ることはなかった。実際、このあたりの犯罪といえば空き巣くらい。道を歩いていていきなり殴られるみたいな暴力犯罪など聞いたことがない。変質者だって出没する話は聞かない。とはいえ、いくらなんでも無防備過ぎる。それでも、住民から文句の出ている気配はなかった。あまりにマイナーな地域すぎて悪いヤツすら足を運ばない。それが、この地域の実態である。ほんとに山手線の内側にそんな地域があるのかと思うなら、見てみるといい。江戸川橋通りは車でいつも渋滞しているのに、ほかの通りは車の数がとにかく少ない。夜ともなれば外苑東通りをタクシーが走っている程度で、人の姿すら見なくなる。新宿の繁華街から僅かに離れるだけで、こんな街があることを知っている人は、ほとんどいないのである……。

スーパーの出店で街は様変わり？

しかし、秘境が今、変わりつつある。その秘境感に変革をもたらしたのは、東榎町にできた一軒の店。神楽坂から早稲田方面へと坂を下り牛込天神町交差点を越えた先。神楽坂のスカした雰囲気が完全になくなるあたりにできた業務スーパー新宿榎店である。業務スーパーは神戸物産が展開するチェーン店。スーパーマーケットではあるのだが、ほかのチェーンとはひと味違う。あらゆるものがキロ売り。杏仁豆腐でも焼き鳥でもなんでもである。肉なんて二キロ単位とかで販売されているし、それらがすべて激安価格という恐るべきスーパーなのである。しかし、このチェーンが進出するのは基本的に郊外。なので、都心には店舗がほとんどない。渋谷区には笹塚店があるだけ。ビンボー人が多い杉並区でも高円寺にしか店舗はない。ところが、新宿区には新宿榎店のほか、新宿大久保店、東新宿店と三店舗も進出しているのである。そう、このチェーン、物価は高いことが当たり前と思って暮らしていた神楽坂地域の住民の意識をも塗り替える価格革命を起こしているのだ。これまで住民が口にしてこなかった「もしかして、このあたりのスーパーは物はいいけど高くて品揃えも悪いんじゃないか？」という疑問にこたえる店なのである。このスーパーの存在は、早稲田から牛込にかけて点在するボロアパート住民を歓喜させ、どこかお高くとまった古くからの住民や、マンション住民にも慈悲を与えているのである。都心部の人々も「うちのほうにもできないかな」と羨望のまなざしでみているだろう。

なぜここにある？　モルドバ共和国大使館

そんな地域には「なぜ、ここに？」という施設がまだある。業務スーパー新宿榎店の付近にある、モルドバ共和国大使館だ。「モルドバって、どこ？」という人がまず大半。もしも異性と飲んでいてモルドバの名前を出したときに「あ、首都はキシナウ」と相手が即答するなら、その場で結婚を申し込んだほうがよいレベル。ウクライナとルーマニアに挟まれた旧ソ連から独立した国なのだが、その大使館があるのが業務スーパーの近く。筆者も前に大使館の人と名刺交換した時に驚いたのだけれど、確かに小さなビルの玄関にモルドバの国旗が掲げられている。

ついに外国の大使館までできたかつての新宿最強の秘境エリアは、着実に新たな中心軸として発展を遂げていた！

めちゃくちゃ狭い坂道を数多くの通勤者が闊歩する天神町。古い家も多いが、新築家屋やマンションへの建て替えが進行中

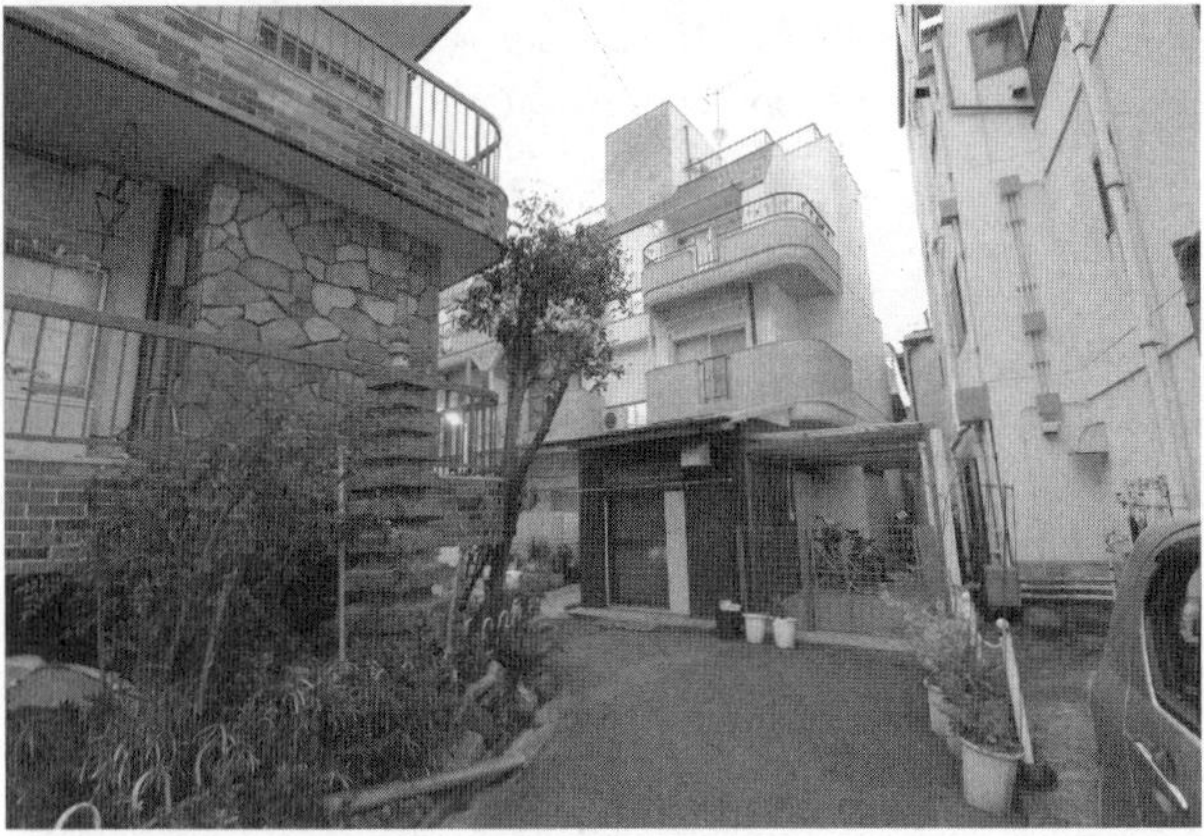

小規模の印刷、製本関係の企業が集まるエリアだったが、近年は高級住宅地化の兆候も。江戸川橋駅、神楽坂駅を使えるのがポイントか

時代が変わっても高田馬場は変わらない

高田馬場テイストは今も健在

「西武新宿線・高田馬場駅前にあるＢＩＧＢＯＸ高田馬場は、待ち合わせの場所によく利用されるが、いつも混雑していて人探しにも一苦労。メインストリートの早稲田通りには、学生向けの喫茶店、ジャズ喫茶、レコード・ショップなどが立ち並び、確かにこの街が学生を中心に発展してきたことをわからせてくれる。夜になると、雑居ビルの鮮やかなネオンサインがこの街をつつんで、昼間とは違ったオトナの顔に完全変貌」

と『ひとり暮らしの東京事典84年版』（ＣＢＳ・ソニー出版　１９８４年）での高田馬場駅周辺案内を引用してみた。この本を読むと、都内のけっこうな地域はガラリと変貌している。今では一大チェーンとなった大戸屋なんて、学生向けの貧乏食堂として掲載されているし。でも、高田馬場だけは違う。現在も営業中の店がけっこう多いのだ。さすがに、30余年も経つと個人店は減少し、ありきたりなチェーン店が増加している。それでも、昭和テイストの生き残り度が高いのが高田馬場。しかも、新たにできた店もどんどん高田馬場色に飲み込まれていく。

そんな高田馬場も駅を挟んで西と東で風景は変わる。メインロータリーのある東側は、今でも待ち合わせの定番スポット。並ぶ店舗は学生向けかつビンボー人向け。最近は、ビンボー人向けにシフトしているせいか、一段と安くて美味い店が増えている印象。名画座の老舗・早稲田松竹もまだ健在。観客は次第に高齢化しているような気もするけどね。神田に次いで都内第二位の規模である古書店街は、だいぶ勢いを失っている。古書店はどこでも今ではネットがメインに移行しているから、本を探して足を運ぶ人も少なくなった。それでも、まだまだ古書店の数は多い。東京大学の本郷キャンパス周辺なんて、もう古書店は壊滅しているのに、こっちは元気だ。粗末な食事で腹を満たして、古書店でこれはという本を買う。そんな青雲の志が、まだここにはある。

さて一方の西側はどうか。最近はミャンマー料理店が評判になったりもしているが、ここ十年での他の変化は……？　あまりないな。いつの時代も、西側で賑やかなのは早稲田通りよりもさかえ通りのほう。この通りの先には東京富士大学がある。この大学、高田馬場駅から行けるのは早稲田大学だけじゃないとばかりに、さかえ通りに看板を掲げてアピールしても逆効果ではないか。だって、高田馬場駅を挟んで東側と西側の決定的な違いは、西側が夜の街になっていること。飲み屋にキャバクラ、風俗などが集中しているのだ。東側のロータリーに集結した若者たちも、こぞって流れてくるのが、さかえ通り。安い歓楽街でハメを外すのも学生にとっては社会勉強だけど、大丈夫か？　学生が騒ぐ街の特徴といえば、学生ローンの看板がいまだにあるのも高田馬場くらいだな。今となっては知らぬ人も多いかもしれないが、要は学生相手の借金業。かつては、仕送りまでの繋ぎに「1万円だけ貸して下さい！」と利用している学生も多かった。店によっては、お金を貸しながら「ちゃんと勉強もしなきゃ」と説教するところもあったという。いまでも需要はあるのか？

オンボロでなければ高田馬場じゃない

いよいよ東側で再開発の話も具体化しているとはいえ、いまだ街全体が昭和テイストを継続させているのが高田馬場。きっと再開発でできた高層ビルも、高田馬場に飲み込まれていくだろう。なぜ、この地域が昭和テイストを維持しているかといえば地域の住民や、通勤・通学で用がある人以外は利用しない街だからである。JRに西武に東京メトロと三つの路線が利用できる高田馬場だが、乗り換えは混雑するのに駅から街へと出ていく人は少ない。つまり、普段から使っている人には便利で楽しい街。でも、通勤・通学で通り過ぎる人には特に用などない魅力のない街だと思われている。確かに、新宿や池袋に比べれば魅力には欠ける。だから人は流れてこないし、発展もしない。こうして、昭和感のあるものだけが失われては再生産されるという仕組みになってきたというわけである。もしも、高田馬場がオシャレタウンへと変貌したら？　そんな居心地の悪い街に人は寄りつかなくなるな。

高田馬場は健在でも学生街は衰退の一途

昭和を彩った早稲田の伝説

「早稲田大学といえば、革マル派だよね」

……そんな時代はもう終わったらしい。時代というものは変わっていくなあ。それと軌を一にして、早稲田大学で終わり始めているのが学生街。高田馬場は様々なビンボー人が利用するからまだいいけど、大学周辺の学生街はどんどんしょぼくれていってしまっている。

２０１８年７月、早稲田界隈で大事件が起こった。三朝庵が閉店したのである。三朝庵は「元大隈家御用・元近衛騎兵連隊御用」の看板を掲げた、早稲田学生街の老舗店。１９０６年に大隈重信の所有していた土地で開業したのがはじまり。卵とじのカツ丼と、カレーうどん・カレー南蛮は、ここが発祥として学生に親しまれてきた店だ。そんな店がなくなるとあって、往年のファンも含め大騒動になったのである。

メディアの取材によれば閉店の理由は店主や従業員の高齢化。実は2010年代に入ってから同様の理由で、早稲田学生街の名店は次々と閉店している。長岡屋総本店もなくなったし、キッチンエルムも稲穂も消滅した。食べ物屋に限らず、とにかく学生相手の店はどんどんなくなっているのである。

ぬるいダイガクと化した早稲田大学

その原因は、早稲田大学がゲットーと化したことにある。1990年代まで早稲田大学は「革マル派に逆らわない限り」極めて自由な大学であった。大学の壁沿いには立て看が無数に設置され、公認のサークルだけで約700。『MILESTONE』や『ワセクラ』などの学内誌も盛んに発行されていた。その活発な活動のベースとなっていたのは、学内の学生拠点。校舎の地下や屋上などを学生が勝手に占拠し部室として使用しているという伝統があった。特に地下部室と呼ばれるエリアは、学生運動の名残の落書きにあふれ、学生のパワーを体現していた。

そんな流れが変わったきっかけは、１９９７年に大学当局が早稲田祭の中止命令を出したこと。それまで長きにわたって早稲田祭では革マル派の支配する実行委員会による入場料代わりのパンフレットの強制購入制が実施されていた。これは、学生運動が活発だった時代に大学当局と革マル派の妥協によって成立したもの。学生自治会や学園祭の収益を革マル派が懐に入れることを黙認する代わりに、学内で内ゲバをしたりほかのセクトが入ってこないようにさせるシステムである。同様な大学当局の方針で法政大学では中核派、明治大学では解放派が自治会などを牛耳り、学生を支配する体制を敷いていた。こんな体制だから、革マル派に属さない政治系サークルは目をつけられないように小さくなっていないと、命にかかわる。ようやく21世紀になったぐらいのことだが、筆者が仲間たちと夜中に、文学部の向かいにある、あかねで『インターナショナル』を歌っていたら、学生だった某君が突然「か、革マル来たぁ〜」とトイレに逃げ込んだのを覚えている。おかげで「お前らなんなんだ」とすごむ革マル派を止めることになってしまったわけだが……。

この大学当局と革マル派の蜜月関係は1990年代後半に終止符が打たれる。これ以降、全国の大学で同様の動きが見られるようになる。大学当局自身が警備会社などを用いて管理を強化する支配体制である。革マル派との手切れと同時に、早稲田大学では学内の異分子の排除が本格化する。要は授業に真面目に出て4年で卒業する学生以外はいらないというわけである。2001年には従来の部室の閉鎖が強行され、大学当局の認めるサークルだけが新学生会館へ移動。学内には監視カメラを設置し学生を管理する一方で、学内のカフェや売店などを充実させるなど飴と鞭の管理が本格化した。

それから20年弱。いまでは、どこの大学でも出席を取るのが当たり前。早稲田でもバンカラな雰囲気は消えてしまった。授業後も学内にたむろして、門前の街に繰り出すこともなくなった。なにより、大学が施設を充実させるということは、周辺のラーメン店や食堂を利用する機会が減るということ。おまけに、近年では昼休みの時間が削減されたことで、ますます学生が来る機会は減っている。もともと、学生街というものは長期休暇があるせいで、商売としてはかなり厳しい。その上、大学当局が学生街の崩壊を加速させているのだ。

迷走する早稲田大学が街を滅ぼす

もはや、バンカラなイメージの早稲田大学は、ほぼ消滅してしまったといってよい。最近では、大隈記念講堂前でたむろしているだけで警備員が注意をしにやってくることすらある。２０１８年には、学内の一部で立て看の掲示が禁止されることになった。立て看を禁止してなにをするのかと思いきや、大学の広告を設置したのである。もはや、大学自体が滅びへの道を加速しているわけだが、これに抵抗しようと立ち上がる学生は多くない。

同じくバンカラなイメージのあった、法政や明治も学生運動を排除した結果、見た目はオシャレだけれども、空虚な大学となり卒業証書を得るための集金システムへと堕落している。早稲田大学も早く気づいたほうがいい。どんなに頑張っても、上智とか青学みたいにオシャレにはなれないんだと。

もはやコリアンタウンだけではない万国の人が集まる神秘の大久保

元は高級住宅街だったのだが

大久保がコリアンタウンから多国籍タウンになっている。この認識は、正しくない。江戸時代には農村、明治に入ってからはつつじの景勝地として知られていた大久保。宅地化が始まったのは日露戦争以降であった。その後、関東大震災を経て大久保は住宅地として開発されていく。大久保は街中ではないが、駅がある便利な土地であった。戦前の大久保は郊外の高級住宅地で華族の大邸宅もあったし、その後は文化人の集まる街にもなり「大久保文士村」とも呼ばれた。ただ、関東大震災後の急速な宅地化によって、大久保は様々な要素が混在した街になった。山の手と下町が混在。ようは高級住宅地から貧民窟までが混じるような地域になったのである。

　戦前の大久保の街は戦災によって壊滅し、ここに山の手としての大久保の歴史は終わる。戦後になると住宅が建ち並ぶようになるが、戦前の姿は戻らなかった。新宿から近いこともあって、焼け跡に建てられた新たな家には様々な人が住むようになり、かつ、そうした住宅を使って連れ込み宿を経営する者もいた。そうしたいかがわしさも孕みつつ、大久保は新宿に近接した住宅地として長らく戦後の雰囲気が継続していた。

多国籍化は１９７０年代から

　そんな地域に外国人が住むようになったのはなぜか。焼け野原に再建された大久保の街は、新宿で働く人のベッドタウンであり、東京へと流れついてきた雑多な人々を収容する貸間やアパートも多かった。この地に韓国人によって、ロッテが創業したのは１９４８年だが、これが外国人の増加と関連しているかはわからない。ただ、戦後、大久保にはバタヤを営んでいた朝鮮人の集落もあった。なので、この地域と韓国・朝鮮人の関係が深く古いのは確かである。この時期につくられた貸間やアパートは、高度成長期を経ても長く続いた。1960年代に入ると職安があるため日雇い労働者が集まる地域になっていたためである。さらに1970年代になると歌舞伎町のホテル街が大久保通りを越えて進出するようになってくる。最初に外国人が目立ち始めたのは1970年代で、この頃歌舞伎町ではホステスの多国籍化が進み、そうしたホステスが大久保に住み着くようになる。古いアパートが多く残っていて家賃の安かった大久保は経済的格差のある国からやってくる外国人にとって、格好の住処だったのである。1980年代に入ると、アジア各国から「タレント」と称して女性たちを出稼ぎさせるケースが目立つようになり、1983年には「ジャパゆきさん」が流行語となる。これに付随して、経済的成功を夢見て住む外国人が増加すると日本語学校が次々と開校。それによって、さらに外国人が増えることとなった。1988年頃になると、既に新大久保あたりは多国籍タウンとして認識されるようになっていた。「新宿・歌舞伎町の北側、山手線の新大久保駅に面した一角が、昨年あたりから「ニックス通り」と呼ばれ始めた。韓国、台湾、フィリピンをはじめ、アジアから出稼ぎに来たジャパゆきさん、ジャパゆきくんたちがたくさん住んでいるからだ」（『ＡＥＲＡ』１９８８年7月5日号）。さらに『朝日新聞』１９９２年12月3日付朝刊では「母国語紙・誌が急成長異国の地、日本で情報オアシス」というタイトルでタイ語やスペイン語、タガロク語などの情報誌が、地域に住む外国人向けに発行されていることを伝えている。もともと大久保はどこも多数派ではない、多国籍タウンとして形成されたのである。

あくまで元から多国籍タウンなんだよ

ここが「コリアンタウンが出現した」と見られるようになったのは２００２年以降。この年に開催された日韓ワールドカップを契機に、韓国への注目が集まる。同時に歌舞伎町では浄化作戦が強化されていたこともあり、それまでの水商売から飲食業へと転業する者も増えた。さらにそのタイミングで起こったヨン様ブームが追い風となった。最初は、中高年女性が新大久保へとやってくるようになり、その後、東方神起やＫＡＲＡが登場したことで年齢層がグッと広がった。また、韓国経済が成長したことで密航者も多かった状況もガラリと変わった。このブーム以前から韓国料理店は多かったが、どちらかというと現地の人が好む味付けが主体だったものが、日本人が好む味付けへと変化していった。こうして、大久保は国内有数のコリアンタウンとして認識されるようになった。一時は人気物件のテナント料は銀座並みになったともいわれている。

現在は、そうしたブームが退潮したというよりも一段落しているといえる。男女を問わず韓国のアイドルグループは様々紹介されるようになり、ファンは相変わらず多い（なお筆者はＲｅｄ Ｖｅｌｖｅｔのアイリーン推しである）。結果、ネットなどでも容易に情報やグッズも集まるようになった。格安航空会社の就航で韓国旅行も容易になり、新大久保を目指す必然性は減ったのである。その結果、これまであまり注目されていなかったほかの国々の店に注目が集まり、あたかも新たなムーブメントが起きているように見えているに過ぎない。確かに時代によって居住する人の国籍は増減があるが、あくまでこの地域は雑多な外国人の街。それが正しい認識であろう。

新大久保駅から明治通りにかけてのメインストリートはほぼ完全にコリアンタウン。他勢力も混ざっているがあまり目立たない

明治通り付近までくると、とたんに国際色豊かに。大久保駅、新大久保駅間のエリアにも韓国系以外の店舗が多く見られる

古めかしい北新宿
完全に中野な落合

知名度が異常に低い北部

地味エリアも多い新宿。北新宿から落合も「ここが新宿？」といわれる地味エリアである。まず北新宿であるが1丁目から4丁目までエリアはけっこう広い。なのに、どんな地域かはほとんど知られていない。

簡単に北新宿を訪れようと思うと中央線・総武線の大久保駅を降りて大久保通りを左、中野方面へ。北新宿1丁目交差点から向こうが北新宿だ。うん、地味だけどけっこう便利そう。というのも、交差点のところにはまいばすけっと大久保店。少し歩くとスギ薬局北新宿3丁目店。駅近くにえらく買い物スポットが集中している。それに、新大久保駅から大久保駅がだいたい徒歩3～5分程度ということを考えると山手線から徒歩圏内の地域になる。南部地域の西新宿に接する地域であれば、東京メトロ丸ノ内線の西新宿駅を最寄りにできる。北部地域であれば、今度はＪＲの東中野駅が最寄りだ。

えらく不便な街のように見えるのだが、実は住みやすいのが北新宿という土地。でも、そんなに利点ばかりがあるわけじゃない。もともと住宅地であるために商店がある地域は一部に集中しており、コンビニも少ないからである。もともと、この北新宿はフォークソングの名曲『神田川』の舞台になった地域ともいわれている。ようは新宿に近くて家賃も安いビンボーな人も住みやすい土地であった。そんな土地のままに時代とともに家だけが建て直されている状態だから、とにかく道はグチャグチャである。牛込地域も迷宮度は高いが、こちらも負けず劣らず迷宮感を放っている。

それでも実際に住んでいる人に聞いてみると、住みやすさは格別だという。「最悪、新宿からであれば歩いて帰ることもできますし、タクシーに乗っても懐が痛む金額にはなりません。とりわけ大久保駅に近いあたりだと夜中でも営業している飲食店が多いので、まったく不便さは感じません」

どこの駅からも遠く、商店の数も少ない北新宿3丁目付近とかでなければ「ちょっと駅から遠い」程度が住んでいる人の実感のよう。また地域にある東京都中央卸売市場淀橋市場は、入居する飲食店が最近新たなグルメスポットとして人気を集めている。大久保で各国の美味しい料理も楽しめるし、食いしん坊に最適の土地なのではなかろうか。

落合と一言でいっても広いんだよ

さて、さらに北に進んで落合。ここはもはや完全に中野区である。一口に落合といっても、上落合に中落合に下落合、さらに西落合がある。どの落合もほぼ中野区。あるいは、豊島区とイコールである。東京メトロ東西線の落合駅。あるいは都営大江戸線中井駅。西武新宿線下落合駅。この駅に近いところは、まだ新宿の一部といってよい。でも、最寄り駅が大江戸線落合南長崎駅になる地域。さらに西武池袋線椎名町駅となる地域もけっこう広い。いや、むしろ住民たちも嬉々としてそちらの駅を使っているだろう。とりわけ椎名町駅周辺は、近年の再開発によってえらくオシャレになり、子育て世代には人気スポットとなっている。駅前にコンビニしかない下落合駅を使い、最寄りの繁華街が泥臭い高田馬場駅になることを嫌う人も少なくない。このように、落合と呼ばれる地域は、同じ「落合」という名前でありながらも、それぞれ帰属している駅が違う。この傾向は北新宿でも見られるが落合のほうが駅への帰属意識は強い。結果、東西線落合駅の住民は、都心へと一本で繋がっている便利さもあってか街の雰囲気が完全に中野だというのに、ほかの地域より優位に立った気になっている。西武新宿線下落合駅は特殊で「自分たちは高田馬場に住んでいる」という意識でほかよりも優位に立った気になっている。もっとも負け組っぽいのは中井駅周辺住民。ここ、西武新宿線と都営大江戸線の二路線が接続する便利な駅なのだが、大江戸線全線開通から20年が近づこうとしているのに「え、それはどこ？」と聞かれるようなマイナー地域を脱していない。だいたいの人は江戸川区の平井と勘違いする。じゃあ、ダメダメな地域かといえばそうではない。やっぱり新宿に直結しているだけ住民は増加傾向にある。近い将来、中井駅周辺は新宿でも「住みたい街」の上位にランクインするだろう。

ビンボーな街なのにビンボー人に厳しい西新宿と初台

日々の買い物が微妙に困難

西新宿といえば副都心。巨大な高層ビル群の街で住む人なんかほとんどいない。それは間違いじゃない。でも、新宿中央公園よりも西へ進むと風景はガラリと変わる。今でも十二社と称されるあたりはといえば、表は雑居ビルばかりだけれど、一歩裏に入ると住宅地である。再開発によって生まれたタワーマンションばかりが目立つけど、古びたマンションも多くてずっと暮らしている人が多いのはよくわかる。

もうなくなって長いけど、都営大江戸線の西新宿五丁目駅付近には激安牛丼チェーンとして知られていた牛丼太郎があった。牛丼太郎が店舗を構えるということからも、ここが本来どういう人たちが暮らしている地域なのかよくわかるだろう。今でもタワーマンションに住んでいる一部のブルジョアを除けばほぼ庶民しか暮らしていないビンボーエリアなのである。でも、頑張れば新宿駅からも徒歩圏内。西口の地下道を抜けて新宿中央公園をショートカットすれば、すぐに家に到着する。しかし、とっても便利かといえば、まったくそんな気はしない。ここに住むとまず困るのが毎日の買い物だ。西新宿五丁目駅周辺には、コンビニや弁当屋があるので一見便利そうに見えるが、実は日々の買い物ができるスーパーがない。

もっとも近いスーパーは新宿中央公園近くにあるマルエツプチ。マルエツプチは、角筈区民ホールの近くにもある。でも料理している時に「あ、醤油がなかった」と買いに走るにはどうにも面倒。コンビニも数軒はあるけれど、日々の生活の需要を満たすだけの店舗が揃っているとは言い難い。タワマンができてから引っ越してくる金持ちも多いけど、そういう人たちは日々の買い物をどうしているのか。ネットスーパー頼りか、あるいは金持ちは自炊なんかしないのか……？

自称・オペラ歌手たちの地獄絵図

　この地域でも角筈区民ホール寄りになると最寄り駅は京王新線の初台駅となる。このあたりも一歩道を脇に入ると安手のマンションやアパートがある。新国立劇場も近いので食えないオペラ歌手とかが暮らしている事例も。でも、ここはまたビンボーそうなのにビンボー人には優しくない街である。初台で駅から最寄りのスーパーは、東京オペラシティの中に入っている成城石井。まずビンボー人が日々の生活をするために入ることができるような店ではない。でも大丈夫だ。初台駅から渋谷区に入れば初台スーパー百貨店や、オーケー初台店がある。だから飢え死にすることはないだろう。

　ただ、この初台という地域は基本的には高級住宅地を志向するスカした雰囲気の街である。とりわけ、近年は洒落た感じのカフェばかりが目につくようになってきた。とりわけ東京オペラシティに近いあたりでは、食えないオペラ歌手同士が、練習の合間にカネもないのに互いに見栄を張って高いカフェでお茶をしているという地獄絵図を見物することもできる。

東京オペラシティは街のブランド力を上げてはいるが、そもそもビンボー地帯だっただけに、今は無理してセレブ面をしているのか

このように、西新宿は歯抜けのような再開発も行われた結果か、生活者視点では極めて暮らしにくさの目立つ街となっている。

牛込地区のように、それなりに人口があれば業務スーパー新宿榎店のような、生活に直結した店舗の進出もあるだろう。だが、なまじ新宿駅に近いがために土地も高い。そして、さほど人口も多くない西新宿は、家があっても店がないという悲惨な状況に喘いでいる。

ボロアパートが多くて家賃も安いため引っ越してくる人も多いけれど、大抵は後悔している。決してここには引っ越してはいけない。

新宿区コラム 4

新宿の坂には（変な）歴史がある！

新宿区は坂の街。ゆえに魅力的な坂がいっぱいだ。

「袖摺（そでずり）坂」（大久保通りに面した横寺町と箪笥町の境界あたり）。名称の由来は「狭い坂道でお互いに袖を摺り合わせるほどだったという。そんなことから、誰いうとなく袖摺坂というようになった」と、坂の傍に説明板。その素晴らしさは「坂」を名乗っているのに単なる階段なことと、坂の脇にある崖をくり抜いた公衆便所。これ、昭和30年頃の風景写真でも現在と同じ姿で存在している歴史的建造物な公衆便所なのである。

大久保通りを飯田橋方面に進むと津久戸町あたりにあるのが「三年坂」。全国に伝承のある「ここで転ぶと三年後に死ぬ」坂である。特徴としては、名称の由来を書いた碑が建っていないこと。さすがに「三年後に死にます」とは説明できなかったのか。筑土八幡町方面には「芥坂」なる坂がある。読み方は「ご

みざか」か。確かに坂の上にゴミ捨て場がある。もうひとつ、市谷砂土原町にも「芥坂」はある。こちらには「ごみ坂歩道橋」なる歩道橋も。周囲の子供が学校で「ゴミから来た」とかいじめられていそうで心配だ。市ヶ谷亀岡八幡宮の前にある石段は「市谷八幡男坂」。女坂もあるが、こちらは石段ではなく、ちゃんと坂になっている。

市谷といえば、印刷会社・大日本印刷が本社工場を構えることでも知られる地域。その工場の真ん中を突っ切るのが「中根坂」だ。ここの魅力は、坂自体よりも周辺の観光。坂の傍らにある歩道橋にのぼると、印刷工場の全景が一望できる。

早稲田に移り、早稲田駅近くの馬場下町交

差点から、のぼってゆくと「八幡坂」。現在は、なんの変哲もない坂になっているが、かつては非常に急な坂だったそう。昭和初期までは、坂の下で待ちかまえ荷車が来ると、押すのを手伝って小銭をせびる「立ちん坊」と呼ばれる商売があったという。そういった商売が成立していたこと自体が、まず驚きである。その近くにある「夏目坂」は比較的新しい地名。近くに夏目漱石生誕の碑があるように、漱石の生家である夏目家の名字が由来である。夏目漱石の随筆『硝子戸の中』によると、漱石の父でこの辺りの名主であった夏目小兵衛直克が、自分の姓を名づけて呼んでいたものが人々に広まったそうだ。自分の名字を地名にするとは、いったいどれだけ「自分好き」な人なんだろうか。

さて、南に下って若松河田駅の近くにある「団子坂」。ここは、かつて低湿地が広がっていて歩くたびに泥団子のようになったことが地名の由来だとか。で、ここにも由来を書いた碑が立っているのだが、以前「低湿地」の文字がなぜかマジックで塗りつぶされていたことが。近くにある不動産屋かなんかの仕業じゃないかと疑ったんだが。

ほんと、新宿の坂はドラマがあって面白い。

第5章

内外住みやすさ対決の勝者はどこだ

買うには厳しく借りるには優しい それが新宿のマンション事情

高くて狭いのが新宿クオリティなのか

決して安くはない新宿区の家賃。とりわけ「家族もできたしマンションを買って住もう」なんて考えたら、かなり大変だ。まず数が少ない。物件を探そうと思ったらまずチェックするのが不動産情報サイト。まずは大手であるリクルートの運営するＳＵＵＭＯである。２０１９年３月時点で、新宿区で売り出し中の新築マンションは18軒。都心部ではもっとも少ない。最多は港区で58軒。中央区は43軒、文京区は27軒、渋谷区も27軒。千代田区でも21軒ある。やっぱり新宿区では再開発でマンションが建つような面積を確保するのが、かなり困難ということだ。それらの物件も買えるかといえば、相当な収入がないと難しい。億単位の物件も当たり前。今、もっとも安い物件は新日鉄興和不動産が建設しているリビオ四谷。予定価格は３３００万円台〜７４００万円台と表示されている。住所は若葉2丁目。これなら、近所に丸正若葉店もあるし、駅からも遠くない。でも、安いのには理由があった。専有面積は25・３２〜67・１２平方メートルと表記されているではないか。なるほどファミリー向けというよりも、生涯独身を決めた人、あるいは本宅は家族に譲って都心に終の住処を探す老年夫婦向けという感じ。やっぱり、これから子供が大きくなる世帯が新宿区で物件を探そうとすると、最低でも７０００万円は必要。それでも、ヤッと買えるのは70平方メートルちょっとの標準的なマンションである。

ならば中古は、どうだ。新宿区では中古のマンションは意外に多い。同じくＳＵＵＭＯを見てみると１３３６軒。最多は港区の１７２０軒。中央区は１１１７軒、文京区は８７１軒、渋谷区は１２４０軒。千代田区は２６４軒ある。このうちファミリー向けと思われる70平方メートル以上で検索してみると新宿区には２８９軒が見つかる。でも、やっぱり高い。築浅の物件は中古でも７０００万円台などざらにある。ただ、築年数40年超えの物件ならば、逆に安さが爆発。下落合駅徒歩7分の物件は専有面積91・91平方メートルで4LDK。1974年に建築された物件だが3980万円で売り出されている。だいたい毎月15万円で25年ローンというところだろうか。夫婦共働きを覚悟すれば買える。こうした物件、外観や共有スペースの古さは否めないとしても、販売側は徹底的に内部をリフォームしているもの。だから、周囲の新宿区とは思えないほどの郊外っぷりに目を瞑れば、さほど問題はない。

ただ、新宿区の中古マンションには注意が必要。とりわけ「ヴィンテージマンション」みたいな売り文句で販売されているところは、吟味したほうがいい。筆者も以前、新宿区にいかにも昭和という雰囲気のマンションが売りに出されているのを発見。価格もそこそこなので、これなら家賃プラスアルファで、なんとか買えるんじゃないかと、まずは見学へ。一歩ロビーに入ると、雰囲気は60年代。おお!なんていい雰囲気……と思い、あたりを見回したら愕然。ロビーのあちこちに「ゴミ出しは何時まで」「共有スペースではペットは抱えて」「○○禁止」「○○してはいけません」と太い筆で書かれた貼り紙が。ロビーだけではなくマンションのあちこちに、たくさんの貼り紙があるのだ。そして、不

新宿区の地域別家賃10万円以下最低価格例

地域	家賃	地域	家賃	地域	家賃
四谷4丁目	6万円	白銀町	7万3000円	百人町３丁目	3万5000円
三栄町	6万5000円	矢来町	3万3000円	大久保１丁目	4万円
坂町	5万5000円	中町	3万7000円	戸塚町１丁目	9万円
若葉1丁目	9万円	簞笥町	6万円	西早稲田１丁目	4万5000円
若葉2丁目	3万4000円	横寺町	6万円	西早稲田２丁目	3万9000円
須賀町	4万5000円	筑土八幡町	7万5000円	西早稲田３丁目	2万1000円
左門町	8万5000円	市谷柳町	5万5000円	高田馬場１丁目	5万6000円
信濃町	6万5000円	赤城下町	4万2000円	高田馬場３丁目	4万7000円
南元町	6万2000円	天神町	5万7000円	高田馬場４丁目	3万3000円
荒木町	6万6000円	榎町	5万3000円	下落合２丁目	7万円
舟町	6万4000円	早稲田町	6万7000円	下落合３丁目	6万1000円
愛住町	4万5000円	早稲田南町	4万2000円	中落合１丁目	5万2000円
大京町	5万7000円	原町１丁目	6万5000円	中落合２丁目	5万円
片町	7万5000円	喜久井町	5万9000円	中落合３丁目	4万3000円
新宿1丁目	7万4000円	築地町	7万7000円	中落合４丁目	4万8000円
新宿6丁目	3万2000円	弁天町	3万4000円	上落合１丁目	5万円
新宿7丁目	2万円	中里町	6万5000円	上落合２丁目	2万3000円
歌舞伎町2丁目	6万円	山吹町	3万7000円	西落合２丁目	3万7000円
市谷田町3丁目	8万円	改代町	3万7000円	西落合３丁目	6万円
市谷砂土原町3丁目	5万8000円	水道町	6万円	西落合４丁目	5万1000円
市谷甲良町	8万2000円	早稲田鶴巻町	3万円	中井１丁目	5万円
市谷山伏町	5万9000円	住吉町	6万3000円	中井２丁目	4万3000円
神楽坂4丁目	7万5000円	河田町	7万1000円	北新宿１丁目	4万6000円
細工町	6万円	若松町	5万円	北新宿２丁目	2万円
二十騎町	8万5000円	余丁町	5万円	北新宿３丁目	2万8000円
西五軒町	5万円	戸山１丁目	5万7000円	北新宿４丁目	2万5000円
赤城元町	6万2000円	戸山３丁目	2万9000円	西新宿３丁目	6万円
南榎町	6万9000円	富久町	6万円	西新宿４丁目	5万5000円
袋町	4万2000円	百人町１丁目	5万円	西新宿５丁目	4万円
納戸町	7万円	百人町２丁目	3万8000円	西新宿８丁目	2万5000円

※SUUMOにて2019年3月12日3万60件中 うち10万円以下1万705件

動産屋に案内されて、売り出し中の部屋へと入ろうとすれば……あちこちで住人がドアを開けてチラッと見ては、バタンと閉める。これはと思って不動産屋に「どんな人たちが暮らしているんですかねえ〜」と聞いたら「ええ、みなさんモラルの高い方ですよ」だって。これはモラルではなく監視社会。きっと、マンション独自の山の様なローカルルールが存在し、新しく住んだ人は京都人も真っ青なヨソ者扱いされるのだろう。あまりにインパクトが強かったので、その後しばらく様々な売り出し中の中古マンションを見学してまわった。ここまでインパクトの強いところはないけれども、異常に住民が新しくやってくる住人を警戒しているところ、あるいはマンションを買ったネクストジェネレーション住民が「悪いヤツはみんな友達」感を出している物件は結構多い。やっぱり、新宿区でマンションを買うなら、相当な覚悟が必要だ。

アパート借りるなら金持ち地帯でも安い物件が

そんな新宿区だけど、アパート暮らしをするならば、急に住む人に優しい街になる。なにしろビンボー人〜あまり稼ぎが多くない人向けの物件が、すごく多いのだ。これも同じくＳＵＭＯで調査したが、なんと最低で家賃が２万円の四畳半なんてのが。こんなトキワ荘みたいな物件がゴロゴロあるのだ。ちなみに、同じアパートで２万５０００円の部屋もあったのでなにが違うかと思ったら、クーラーとクローゼットがついていた。

表にしたのは、独身者がギリギリ払えるであろう家賃10万円（管理費込み）以下の物件がある地域と、その最低価格である。あまりにもビンボー人が多い地域は、ガラも悪そうなので避けたいというのが、みんなの本音だろう。そうしてみると、そこそこの金持ち地帯にも６〜７万円程度のアパートが存在するのが新宿区なのである。表に示したが、四ツ谷駅から徒歩圏内の荒木町とか三栄町でも６万円台で住める。市谷加賀町や市谷砂土原町でも可能である。スーパーの品揃えが高いなどの問題もあるけれど、日々の交通費を考えると、一生沈没していそうなビンボー人がくだをまいている高円寺あたりに住むよりも、よっぽど未来が開けそう。青雲の志を持つ独身者には、ぜひ新宿区に住むべきだと教えたい。

スーパーの高級志向は新宿なら激安地域は北西部に集中している

東高西低が新宿区の基本

このシリーズの取材では都内各所を巡ってきたが、郊外にいくと物価が安いのは事実である。大根なんて特売だと1本98円は、当たり前にみる光景だ。いや、物価が安いのではない。もともと安いスーパーは薄利多売を狙っているから、当然人口の多いところにできるのだ。ほら、都内でも都心以外の地域にいくと、その地域でしか知られていない地場のチェーンというのがあるではないか。そうした店舗は、肉も魚も野菜も安くて質のいいものを置いている。そうしたチェーンがほぼ存在していない結果、新宿は物価が高い地域となっている。激安チェーンの業務スーパーが区内に三店舗も出店している理由は、まさにここにある。区内のスーパーは高級志向のところが多く、有機栽培だのなんだのとうたう野菜、外国産の使えばレストランみたいな味になるという夢が見られる外国産の調味料をたくさん売っている。でもね、高級志向ではあるけれど、どこか新鮮味に欠けるのだ。中でも魚介類はそう。市場からすぐに運んできましたよという感じはなくて、工場から運んできたような雰囲気。筆者の地元・岡山では魚は朝、あるいは前日に水揚げされた地の物が並んでるのが当たり前。なので、新宿区に住んでいる時、魚だけは買えなかった。それより、大江戸線に乗って御徒町の吉池にいったほうが電車賃をつかってもなお、オトク感があった。こっちのほうが格段に安いことに加えて、肉も魚も新鮮。なにせ、アラを売っているようなところだから新鮮さは折り紙つき。こうしたことからも、新宿区はいまいちなスーパーによって物価高のイメージを強いられていることが見て取れる。

でも、結局のところ人口の少なさゆえに、スーパーとしても高級志向でなければ成り立たないのだ。新宿区は独身者の人口が極めて多く、ファミリー層は増えたとはいってもまだまだ少ない。独身者も自炊はするだろうけど、日々ス

新宿区内のスーパー出店状況

食品スーパー		激安スーパー	
三徳	5	業務スーパー	3
マルエツ	4	肉のハナマサ	2
丸正	3	オーケーストア	1
ピーコックストア	2	スーパーみらべる	1
いなげや	2	クック-Y	1
よしや	2	**総合スーパー**	
神楽坂キムラヤ	2	イトーヨーカドー	2
ライフ	1	**高級スーパー**	
三平ストア	1	成城石井	5
オリンピック	1	紀ノ国屋	2
京王ストア	1	三浦屋	1
オオゼキ	1	もとまちユニオン	1
生協・コープ		明治屋	1
生協・コープ	4	その他小型スーパーが30店舗	

電話帳などから作成（2019年3月時点）

ーパーで買い物して、自炊が基本という人はさほど多くはない。そうなるとメインターゲットは数の多くないファミリー層。その少ないパイから一円でも多く稼ごうとすれば、当然、高級志向で客の満足度を得るしかないのだ。

独身者の多い住民動向には新宿区も危機感を抱いているようで「次世代育成転居助成」という制度が存在する。これは区内の民間賃貸住宅に居住する義務教育修了前の子を扶養する世帯が、子の成長や出生に伴い、要件を満たす区内の民間賃貸住宅に住み替える場合に、家賃の差額及び引越し費用を助成する制度。要は、今住んでいる住民が「子供が生まれたからもっと便利なところへ」と、出ていくのを食い止める施策である。これは引っ越し代で最大10万円、転居前後の家賃差額を最高3万5000円まで2年間補助してくれるというもの。行政がお金をくれるのはいいけれど、物価高はやはりキツい。

物価を除けば住みやすさはピカイチ

それでも、新宿は住む場所を選べば急に物価が安くなる。高田馬場や大久保、北新宿や落合は、極めて物価の安い地域。近年は小規模な激安店も増えており財布にも優しい街である。西新宿のようなとにかく店のない地域を除けば、新宿は、どこでもそこそこ住みやすいというのが実態である。

物価のことを除いても、新宿区の暮らしやすさは格別である。なにしろ大繁華街を備えているので、ちょっとした買い物で近所に出かける気分で買い物ができる。おまけに、やたらと高いレストランも多い一方で、昔ながらの財布に優しい大衆食堂のような店舗も残っているのが新宿。早稲田あたりの学生街は、衰退しているとはいえ、いまだに学生向けの安くて量が多い店がある。それに、大久保を歩けば世界の飯が楽しめる。いつでも韓国名物のお菓子・ホトクが食べられるのも新宿区くらいじゃないか（とはいえ、現地で食べたら格段にうまかったんだが、日本人向けにアレンジしたあの味で満足しているのか？）。

そして、歌舞伎町をのぞけば新宿はだいたい夜になると静か。人通りも少ないけれども車も少ないので、騒音に悩まされることはない。独身からファミリーまで住環境のよさには感動しているのだ。

駅直近や大通り沿いではない場所にいきなりスーパーが現れるのは新宿区の特徴か。タワーマンションの近くでよく見る光景だ

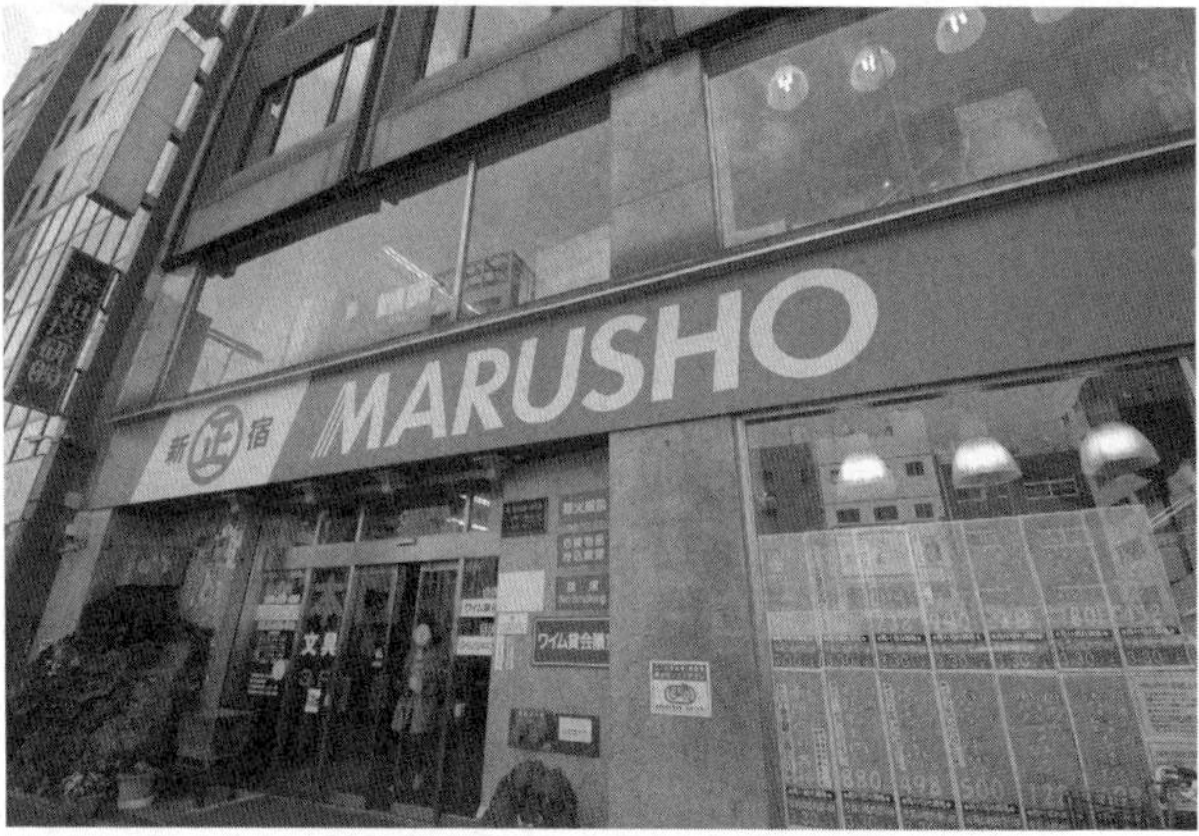

数々のスーパーが覇を競う新宿でも、やはり地元の丸正や三平は根強い人気が。比較的価格が安めなのが人気の秘密なのでは？

交通インフラ格差の激しい新宿区の現状はどうなっている

鉄道は通ったが地下が深すぎないか？

20世紀後半、新宿区の念願は交通網の整備であった。なにしろ、都電が廃止されてからというもの、陸の孤島があちこちに誕生していたのだから。しかし、大江戸線と副都心線の誕生によって新宿の交通網の整備はだいたい終わっている。これ以上、新宿区内に新たな地下鉄ができる予定はない。

いや、困りますよ……。まだ、交通が不便なところがいくつも残されているではありませんか！　見捨てられた地区の住民は、そう考えているだろう。

かつての都電の路線は、新宿区にとってはとにかく有り難いものだった。都電の停留所は地下鉄のそれよりも細かい。だから、家を出るとすぐ停留所という地域も多かった。今見ると、特に便利だなと思うのは都営トロリーバスの102系統。これは、池袋駅から新宿追分（伊勢丹付近）を通って、渋谷駅を経由して品川駅までの路線。池袋駅～渋谷駅間はほぼ明治通りに沿って走るものである。今の副都心線は、これの代替といえる路線だけど地下に降りる手間を考えたら、トロリーバスのほうが絶対にいい。実は、副都心線の不便さは新宿区では、誰もが知っていること。とりわけ東新宿駅利用者は、いつでもキレている。というのも、出入り口が少ないのだ。大久保2丁目交差点のところに出口があるのだが、ここはなぜか階段もエスカレーターもなく、エレベーターだけの出口なのである。いつもラッシュの時間になるとたいして人数の乗れないエレベーターを待つ長蛇の列ができている。こんな欠陥駅をつくるならば、もう一度トロリーバスを走らせたほうがよかったんじゃあるまいか。都電であれば、まっすぐいけた新宿3丁目あたりから四谷へ向かうルートも復活したほうがいいもの。このルート、都電廃止後もバスに転換してから一応、今もあることはある。宿75系統の三宅坂行きがそれ。ただ一時間に一本程度しかないので、便利に使える路線ではない。大江戸線の開通以前には六本木方面と新宿を繋ぐバスが四谷も頻繁に通っていたのだが、それも廃止されて今はない。ただ都03系統四ツ谷駅前〜晴海埠頭は今も健在。東京の都心部を貫く路線として、マニアの人気は高い。

自転車でなんとかなりますョ！

新宿区内の交通インフラの課題は、南北の移動が困難なことである。山手線と副都心線はあるけれども、区の北部と南部を繋ぐ交通網は完全に空いている。もちろん、区内の北と南で移動する必要はほとんどない。例えば、牛込あたりに住んでいる人が、南元町方面へいく用事があるか……？　親戚か恋人でもいないと考え難い。筆者の場合、夜中に「ホープ軒が食べたいな」と出かけることはあったな。そう、その経験に基づくと、用も少ないけれどさほど広くない地域だから、自転車でなんとかなるのだ。もちろん、新宿区内は坂がキツい。それでも、シェアサイクル事業が進展しているあたり自転車でなんとかなる地域なのである。陸の孤島は自転車で動く。これが結論だ。

新宿区内各駅の利用状況

JR(乗車人員)		飯田橋	195,294
新宿	778,618	西早稲田	38,739
新大久保	48,220	東新宿	41,695
高田馬場	211,161	都営新宿線(乗降人員)	
四ツ谷	97,608	新宿	302,124
信濃町	26,180	新宿三丁目	73,148
大久保	27,404	曙橋	38,039
東京メトロ(乗降人員)		市ヶ谷	98,926
西新宿	86,795	都営大江戸線(乗降人員)	
新宿	236,657	新宿西口	59,709
新宿三丁目	163,044	東新宿	41,560
新宿御苑前	52,630	若松河田	31,796
四谷三丁目	46,732	牛込柳町	20,596
四ツ谷	125,084	牛込神楽坂	14,841
飯田橋	195,294	飯田橋	33,273
落合	26,317	新宿	142,296
高田馬場	203,957	都庁前	50,008
早稲田	82,370	西新宿五丁目	33,348
神楽坂	41,257	中井	25,482
市ケ谷	146,603	落合南長崎	27,147

※各社 2017 年度発表値より作成

新宿区で一番狙い目な地域はどこなのだ！

行政サービスで優劣が決まる？

新宿区は各エリアで優劣がある。ただ、一口にエリアといってもどう区分するか、意見は様々。かつての牛込区・四谷区・淀橋区で分けるのもよい。ただ、これだと少々おおざっぱになりすぎてしまう。ひとつの指標になるのは、行政の出張所である区民センターの所在地。牛込箪笥地域センター・戸塚地域センター・四谷地域センター・落合第一地域センター・落合第二地域センター・榎町地域センター・柏木地域センター・若松地域センター・角筈地域センター・大久保地域センターがある。落合はさすがに広いからかふたつに分かれている。山手通りを挟んで第一が東を、第二が西をカバーしているという具合。牛込箪笥町と若松は、そんなに距離が離れていないのに設置されている。これは、歴史的経緯から。牛込側が「もとは大久保のあたりと一緒にされてたまるか」と思っているのか、その逆か。もっとも牛込箪笥地域センターのある場所は、かつての牛込区役所で、最初に新宿区役所が設置された新宿の中心地。今は牛込箪笥区民ホールになっているが、以前は牛込公会堂があり数々の歴史的な催しが開かれた場所としても記録されている。そんな歴史のある地域ゆえに、ほかの地域に対して優越感を持っている面は存分にある。

異世界みたいな街に住めるぞ

さて、この地域センターをもとにした区分で、エリア対決を描いていく……というのは、無理である。なぜか。多くの人が暮らす新宿区。地域の中、各町丁別、さらには通りや路地によっても優劣が分かれるからだ。まず、新宿でもっとも劣った住みにくい地域というのは決まっている。西新宿である。西新宿五丁目駅の前に、ほとんど店がないのはいわずもがな。地域にスーパーもないのでとにかく暮らしにくい。とりわけ、渋谷区本町と接する西新宿4丁目あたり。中でも新宿区立こばと児童遊園周辺は、店もないしスーパーもない。終電がなくなっても新宿駅から歩いて帰ることができること以外は、どうにも住みにくい地域である。安アパートが多い地域だが、みんなどうやって暮らしているのだろうか。

次点で住みにくさが目立つのは北新宿4丁目の大東橋公園あたりだろう。西新宿4丁目よりもマシなのは、川を渡れば東中野駅がすぐだということ。ただ、東中野駅の東口は、ユニゾンモール内にちょこんと店があるだけで、極めて買い物スポットが少ない。もう完全に諦めムードなのか新宿区内なのに東中野の名前を冠したマンションもある独特の地域である。「自分は中野に住んでいるのだ」と思えば、負けた感じはしないのじゃなかろうか。

山手線の内側でも「なんだここは？」という地域はある。西早稲田3丁目はその代表格。早稲田通りに出れば店もいっぱいあるのだけれど、コンビニは早稲田通りと面影橋通りに、それぞれ一軒ずつ。スーパーも早稲田通りまで歩かなきゃいけない。ひたすらに家だけがある寂しさがつのる街なのだ。そんな街の名所となっているのが、水稲荷神社と甘泉園公園。住宅の中に忽然とあるから、ものすごく異世界に迷い込んだ感がある。そういう雰囲気が好きな人には、住んでいて楽しいスポットになるかも。

ミサイルが飛んでくる危険性

では、新宿区内でも極めて優れた地域はどこなのか。やはり神楽坂を含んだ牛込地域、そして四谷のどちらかになるだろう。結論からいえば、優れているのは牛込である。なぜなら四谷は家賃が高い。飲み屋は多いけど、買い物できるような店が少ない。スーパーに至っては、成城石井とマルエップチに、まいばすけっとだけ。ただ住んでいるだけならいいけれど、これはちょっと頂けない。さて、牛込地域の中でも優劣は細かく分かれる。まずもっとも便利そうなのは、市谷砂土原町と、市谷田町。そして払方町である。なにが優れているかといえば、市ケ谷駅前にはマルエツ。飯田橋駅との間のお濠沿いには、肉のハナマサがある。住宅地は、少し坂を登ったところにあるのだが、ベストなのは市谷砂土原町と払方町の中間あたり。ここであれば、牛込神楽坂駅も利用できる。あと、こちら側は市ケ谷駅から坂を登る時により駅に近い市谷左内町。市ケ谷長延寺町に比べて坂がキツくない。ただ市谷砂土原町と市谷左内町・市ケ谷長延寺町のどこにでも住んでいいとなったら、迷う。なぜならどれも町名がカッコイイからである。同じく町名が格好いいけど避けたいのは市ケ谷仲之町と、市ヶ谷薬王寺町。ここは、曙橋駅が最寄り駅となる地域。曙橋というのは、商店街ですら賑わいに乏しい地域。抜弁天へと続く途中にある市谷台町も侘しさでいっぱいだ。外苑東通りの拡張工事は進んでいるが、店が増える気配はない。最近は減ったが、解放派とかが防衛省めがけて迫撃弾攻撃すると警察官が増えるのが、このエリア。もっとも普段から厳重警戒なので治安は完璧。タワーマンションが建った時「北朝鮮からミサイルが飛んできたら、マンションが危ない」という話になったが、そうなるとマンションどころじゃないので、問題ない。

各地にある区民センターはどれも規模が大きく行政サービスの行き届き具合はバッチリ。駅直結の牛込箪笥町の施設は便利すぎる

都庁の真裏に位置する西新宿3丁目や4丁目には、ろくな買い物スポットがない。立地は最高でも整備はされていないのが現状といえる

新宿最強地域は難読

さて、広く牛込界隈でも市谷は住みやすいことがわかった。しかし、大江戸線・東西線沿いになるとさらに優位な地域そして、劣った地域がある。このあたりは、本当に優劣が道一本で変わる。神楽坂駅前にあたる矢来町の場合、優れているのは牛込中央通りより東側だ。ここは、神楽坂通りの喧噪からも離れているし、牛込神楽坂駅にも近い。ただ、どちらの駅にも近いという中途半端な感じも否めない。そう考えた時にさらに優位なのは横寺町の大久保通り沿いの公衆便所の上あたり。ポイントとなるのは東西線・大江戸線にも近いが、総武線にも近いかどうか。そのバランスが上手くとれているかだ。そこに、牛込ならではの要素として、町名のかっこよさが加わる。そう考えると圧倒的なのは、箪笥町。前述のすべての路線に近いことに加えて、牛込郵便局もすぐ。牛込警察署もあるから治安が完璧である。新宿区内最強地域は、ここで間違いない。ただ、問題は箪笥という字が書きづらいこと。それが心配なら、妥協して細工町もありか。

雰囲気の良い牛込エリアだが坂道だらけなのはマイナス。あとこのエリアは道が狭く、中型以上の車を走らせるのはオススメできない

以前は交通不毛地帯の象徴だったが、大江戸線の開通で状況は一変。まあ、不便だったから古くからの雰囲気が残ったともいえるのだが

新宿は都内最強！という根拠を考える

新宿区が他区に勝っている所は？

東京23区の中で新宿区は、ほかの22区に比べていろいろな面で明らかに優れている。とりわけ、住みやすさの点では完璧である。前項で記したように新宿区にも、西新宿など住みにくさに満ち満ちている地域は幾分か存在する。でも、それを除けば、ほかの22区に比べ豊かな気持ちで暮らせる地域が多いといえる。同じく都心地域である千代田区・港区・渋谷区・文京区・中央区と優劣を比べても、新宿区はほかを圧倒しているといえるだろう。

そんな新宿区だが、いったいなにが優れているというのか。それを知るには、ほかの地域のマイナスポイントをあぶり出すのがよいだろう。

欠点の多い都心エリアの現実

まず千代田区。最近になって千代田区はマンションが増えたことで夜間人口も増加。本来の都心という地位に回帰しているようにみえる。ただ、繁華街もあるしオフィス街も再開発でオシャレになっているといっても、住むには適さない。新宿以上にスーパーなど生活に欠かせない店舗が少ないのだ。例えば、千代田区でも最近人口が増えている秋葉原。今や世界のオタクタウンとなったことで、独身者向けの賃貸物件でも人気はうなぎのぼりである。ただ、界隈でスーパーといえば、ＵＤＸの福島屋と妻恋坂のピーコックストア。地域の人口が増えていることもあってか、品揃えは充実している。でも、少ないスーパーに大勢の人が詰めかけるからであろうか、夕方を過ぎると惣菜類などは早々と売り切れている。特売となっても、やっぱり郊外にあるような薄利多売系のスーパーに比べると割高感は否めない。周辺は住民も多いが多数派は近隣の会社などで働く人々。そうした人向けの品揃えになっているので、日々の生活のための買い物になると、どうしても魅力に欠ける面があるのだ。

また、もともとが下町なので、古くからの住民と付き合うならば街のしきたりなども学んでおく必要がある。そうしたローカル感を楽しめる人ならば問題ないが、都会らしい暮らしを夢見て住むと予想以上に苦労する。

港区はいわずと知れた金持ち住民が増加している地域。かつては古くからの住民が多かったのだが、次第に新住民が多数派になっている。この地域ほど、旧住民と新住民の断絶が激しい地域はない。「港区女子」などといって、港区に住むこと自体がステータスになっているヤツは多いけど、新住民はだいたいこのタイプ。２０１８年に報じられた南青山に児童相談所が建設されることになり住民が反対しているというニュース。「街のブランドが」などと反対しているのは、ほぼ新住民たち。要は、他人を身につけている物の値段などでしか見ることのできない、カネはあるけど品性の貧しいヤツらが多数派なのである。ヒュー・ヘフナーくらいに成功しているのじゃなかったら、避けたほうがいい。

文京区もまた同様に新住民がのさばる地域。もはや日本では共働き世帯が増えているはずなのに、文京区ではいかにもな専業主婦がよく見られるのだ。この時点で、この街は避けたくなる。加えて、文京区役所前は古い町を破壊して大規模再開発が進行中。さらにスカしたヤツらの勢力が増大するのは時間の問題である。

渋谷区というのは、古くからの地域は意外に下町感があるから住みやすい。とりわけ、京王線沿線の幡ヶ谷や笹塚などは、まるっきり下町である。ただ、ここが渋谷区なのかといえば疑問。ここに住んでいる人で渋谷駅方面に出かける人はほとんどいないんじゃなかろうか。そう、ここは住所は渋谷区だけど実態は新宿区とみてよい。むしろ新宿区じゃないのに、西新宿よりも新宿区風で住みやすい地域といえるだろう。

中央区に引っ越すとなれば、おそらくは湾岸地域になるだろう。月島や勝どき、晴海ではまだまだタワーマンションの建設が続いている。この地域、もともとは下町だったはず。月島は消えゆく下町の情緒が残っている町とされている。でもそれは嘘である。なにせ街の中心にあるもんじゃストリートでは商店を取り壊してタワーマンション建設が進行中。下町情緒で食っていたはずなのに、住民自らが下町を放棄している得体の知れない地域になっているのだ。大衆食堂も壊滅し、増えるのはチェーン店とスカした飲み屋ばかり。街に溢れる無機質な感じに耐えられる人はいないだろう。以前取材で歩いていたら午後11時くらいに公園で子供が遊んでいた……要は、そういう街ということだ。

雑多で飾らぬ幸せタウン・新宿区

このように、都心は渋谷区の幡ヶ谷や笹塚のような地域が残存しているのを除けば、欠点ばかりが目立つ。それに比べると新宿もスカした新住民が増えてはいるものの、まだマシである。とりわけ牛込地域は、21世紀の今でも江戸時代の町丁名が残存しているくらいに頑なな地域。少々のことでは新住民に飲み込まれることはない。それでいて、過度に保守的かといえば、少し離れたところには、あらゆる国の人に出会える新大久保もある。つまり、おもちゃ箱のような雑多感があるのが新宿の特徴なのだ。極端な金持ちも少なく、たいていは庶民。ゆえに、雑多な感じを薄汚いものと毛嫌いせずに受け入れる許容性もある。やっぱり、新宿区は住むによし遊ぶによしの最強都心だったのだ。

銀座あたりならまだ旧来の住民も残っているが、南部の勝どき、築地では完全にタワマン新住民が主導権を握っている中央区

新宿区に隣接する渋谷区である初台、幡ヶ谷などのエリアは、「渋谷」というだけで急に家賃が上がる場合も。なんじゃそら、である

新宿区コラム 5

新宿のスーパーマーケット事情

新宿にスーパーは数あれど、もっとも庶民派なスーパーがあるのはどこか？牛込か、北新宿か、大久保か。いや、新宿駅前だな。新宿駅東口にある三平ストア。中央線沿線に支店を持つが本拠地は、この新宿本店。1963年にオープンした老舗スーパーである。新宿駅前なのに庶民派価格な上にビル自体が楽しすぎる。レストランもあるしゲームセンターもある。今川焼きも売っているし、三平酒寮は古くからやっているお馴染みの大衆酒場。めまぐるしく変わる新宿駅周辺にあってほっと一息つくことができるスポットである。

一方、庶民は普段づかいにはできそうもない高級スーパーも新宿区内には存在する。高級スーパーチェーンの二大巨頭といえば成城石井と紀ノ国屋。そのどちらもが新宿区内には点在している。ただ、どちらもデパートやモール系の中に入っている。ようは、普段づかいではなく、ちょっとしたお出かけのつい

でに「今日は奮発するぞ」という客を狙っているのだろう。ただ、ひとつおかしなのは成城石井が高田馬場に店舗を構えていること。それも、学生やビンボー人向けの安くて大盛りな店ばかりがある通りの一角にあるのだ。パッと見場違いな感じがするけれど、長らく営業しているところをみると、ちゃんと需要はあるのだろう。

庶民派から高級店まで様々なスーパーがある新宿区。本文中では、業務スーパー進出のインパクトについて触れたけれど、このほかにも個人商店クラスの激安系スーパーが街角に忽然と出現したりしているから侮れない。

こうした中でオススメしたいのは、職安通りでの買い物だ。韓国料理屋が目立つ職安通り沿いは、同時に楽しい食材買い出しスポットでもある。なにしろ、肉のハナマサがある。ドン・キホーテもある。加えて、韓国食品のスーパーまでもが揃っている。ハナマサは業務スーパーと比較される、キロ単位で食材を安く買うことができるスポット。業務スーパーは少し離れて新大久保駅と大久保駅の間。もしくは、抜弁天の近所にある。激安系チェーンの両方があるこの地域はなんと幸せなのだろう。

これに韓国食品のスーパーが加わるともう最強だ。韓国系スーパーで買うべきものは、なんといってもキムチである。日本でもキムチはメジャーな食品。なのに日本のスーパーで売っているキムチは一パックあたりの量が少ない。でも、韓国系スーパーであればキロ単位のキムチも売っている。コストパフォーマンスは、こちらのほうが明らかによい。味付けも日本人向けにヌルくしてないのが好感度大。あと、温めると食べられる参鶏湯のパックも買っておくと、風邪を引いたときに、一発で元気になれるぞ。

第6章
新宿の生活こそが
真のアーバンライフなのだ！

もう一度「住める街」になった？新宿はどんな住宅地であるのか

人を追い出す街から人を呼び込む街に

前作である『日本の特別地域5　東京都新宿区』は2008年10月に発行された。つまりすでに10年強が経過している。そして、この前作の最終章では、「人を追い出してきた新宿はもう一度〝住める街〟になれるか」という項目があった。当時の我々は、新宿が半ば「人の住めない街」になっていたという印象を持っていた。当然だ、1965年の41万3910人をピークに、1995年には27万9048人にまで減少した新宿区の人口。以降、回復傾向が続き、2008年には31万2206人にまで増加していたとはいえ、この頃は戸山団地が「限界集落化」したことが話題になったり、タワーマンションの増加とともに、旧来の商店街から、中高級志向のスーパーが増えるなど「高級化」が進んだことで、生活物価が上がっていたりという事実を見てきたからだ。つまり、当時の新宿区は、旧来の庶民の街としての力を失い、相当な収入がなければ住めない「お高い街」になっていくように見えたのである。

街というものは、多様性を失うと、ちょっとしたきっかけですぐに衰退する。そして均整のとれた多様性は、すなわち住民の「便利」と直結する。豪邸に住む人だって、屋台のたこ焼きを食べたいときもあれば、ボロアパートの住民だって、年に1度くらいは値の張るすき焼きを家族で囲みたいものだ。両方に対応できる環境がないと、生活は画一化し息苦しくなる。新宿区は、巨大繁華街である新宿があるために、高級志向には常に接触が可能だが、「普通の生活」をする余地がなくなりつつあった。これを危惧したのだ。

だが、10年の歳月は、そんな懸念を見事に吹き飛ばしてくれた。確かに、住宅価格、家賃水準は上昇したが、これまで見てきたように、ビンボー人が住めないような街にはなっていない。もちろん制約はある。ひとり暮らし向けの物件は以前のまま様々な価格帯で選べるが、ファミリー向けとなると、やはり一定の経済力がないと難しいのが現実だ。しかし、これはもう仕方がないというか、必然として受け止めて、「ひとり暮らしだけでも、様々な人が暮らせるだけで」満足するべきなのではないだろうか。

というのも、街の活気というものは、安くて便利な土地に若者が集まり、様々な試みを地元で行うことで、保たれる場合が多い。都下で人気の高い街である、三軒茶屋、吉祥寺などは、まさにそうした経緯で成長してきた。逆に、昨今では元々の若者の街が高級化し、活気を失いつつあるのに対し、新宿区の各地では、逆に静かな活性化がみられ、1970年代までの若者の街・新宿が復活しつつあるのかもしれない。

一部の地域は住みにくいが

ただ、新宿区全体をみると、そうも言っていられない地域も存在する。例えば西新宿一帯は、住宅地がどんどん高層ビル群に押し流され、買い物は駅ビルで、なんて環境になりつつある。大久保駅周辺は、治安という意味では以前よりかなり改善したのだろうが、逆に韓流ブームから続くコリアンタウン化とその人気の高まりにより、平日でもまともに大通りを歩けないような「観光地」となってしまった。地域の盛り上がりは歓迎すべきものだとしても、あまりに盛り上がりすぎると逆に迷惑という「観光公害」の典型的な状態だ。

また、閑静すぎて逆に怖い地域もある。例えば曙橋駅から北西に延びる部分の都道302号線沿いには多くのマンションが存在するが、このエリアは夜になると真っ暗になり、それでいて道路が広く周囲がビルだらけなのでかなり薄ら寒い雰囲気となる。曙橋駅周辺や若松河田駅周辺には商店街やスーパーもあり、「住宅地！」という雰囲気を持っているのに対し、この通り沿いはまさに東京砂漠な状態だ。確かに、東新宿駅を加えて３つの駅を徒歩数分で利用できるから便利といえば便利でも、通り沿いの暗さから、実際以上の「遠さ」を感じてしまう人も多いだろう。それでいて、家賃や住宅価格は高く、同じ金額を払うなら、近隣にもっと良い場所があるでしょう、という状態の場所はぽつぽつ存在する。

逆に、一般的には住みにくいが、「住みにくさの要素」が気にならない人なら対応可能な地域もある。戸山に代表される都営団地などは、確かに建物も古いし周りは老人だらけだし、旧来のコミュニティがウザかったりとマイナス要素は大きい。だが、公共住宅だけあって家賃補助などで安めに住める上に、元からある団地内の商店街がまだ一応生き残っており、ちょっと歩けばコープ、三徳などのスーパーが利用できる。自転車を使えばJRの新大久保駅を含め、地下鉄3路線が選び放題など、ある種やりたい放題だ。上記のようなデメリットをデメリットと感じない人も多いわけで、先に紹介した「まともに歩けない大久保」やら、「家賃が高くて暗い」場所やらに比べれば、「人は選ぶが住みやすい」地域もあるわけだ。

品の良い庶民性が戻ってきた

さて、ごく一部のやたらと住みづらい、もしくは住みづらくなってしまった地域を除けば、新宿区の各地には、江戸以来の品の良さを残した雰囲気の良い住宅地は多く存在する。本書は、その典型が市ヶ谷駅、飯田橋駅の北側に広がる牛込一帯だと考えている。

確かに、この一帯は神楽坂付近が文字通り超セレブ地域化してしまっているが、その周辺には立地条件と家賃・住宅価格のバランスが「安め」になっている地域が多い。

牛込地域にあたる新宿区北東部を歩くと、古くからのお屋敷もあれば、ボロアパートもある。これがために、安く牛込の環境を手に入れることができるというのがその大きな要因なのだが、もうひとつ街の価値を上げる効果がある。それが「品の良い庶民性」というべきものだ。住民は、例え自分がボロアパートに住んでいたとしても、周囲に多くの樹木が生えた大きめの家や、活気ある商店街や大きな繁華街があることで、住みやすさを感じるものだ（逆に劣等感を覚えてしまう場合もあるだろうが）。様々な人が住んでおり、お互いを排除しない気質がここにはある。

本来、新宿区は江戸城の西側の主に武士が住む「山の手」である。四谷、市ヶ谷などはその本場といってしまってもそれほど間違いではないだろう。しかし、明治以降に工業化が進み、住宅地化したことで、街の雰囲気としては下町化が進んだ。これが、元来の山の手と融合し、現在の品の良さを作り上げてきたのではないだろうか。

新宿区の環境が、それを守ってきたという要素もある。例えば、下町の典型であった中央区築地近辺では、今急速に街の景色が変わりつつあるし、住民の気質も変化している。理由はひとつ。乱立といっていいほどの巨大タワーマンションである。

タワーマンションは、その規模の大きさから大量の新規住民を呼び込むことになる。さらに、マンションを買える人々は、そこそこの収入を持ち、ある種画一的な生活を好む「一般的」な人であることが多い。このため、タワーマンションが多い地域では、個性的な店が激減し、チェーン店ばかりが増える。こうして、つまらない街となってしまっている地域はけっこう存在するのだ。

タワーマンションを買う人が全員「つまらない奴」であるということはないのだが、マンション開発に伴う街づくりが、どこもかしこも「つまらない街」づくりになっているので、それを好む人が入居者の主流派となり、元々街の個性を尊重していた人も、いつしか染まっていってしまう。それが現実なのではないだろうか。

　しかし新宿の住宅地エリアは、そもそもタワーマンションを建てられるような工場跡地などの広い土地はほとんどなく（元はそこそこあったが既に戸山団地などとなっていた）、タワーマンションと呼べるものはほとんど存在しない。新宿区の新しいマンションは、中低層のものが多いのだが、今や高級感を感じるマンションは、中低層のものとなっている。トレンドは移り変わっているのだ。この結果、新宿区内では、巨大なマンションが建ったことで街の雰囲気が変わることなく、人が入れ替わるにしても徐々に、となる。集まってくる人も、新宿区の住宅地にある「品の良い庶民性」に惹かれてやってきた人々だから、旧来の住民とぶつかることも少ない。新宿区には外国人が多いことも、それをわかってやってくる人ばかりなので、衝突も起こりづらいというわけだ。

　どうだろうか。これこそ本当の「高級住宅地」とはいえないだろうか。一部を除けば交通網が世界ナンバーワンレベルで充実し、世界最大規模の繁華街が徒歩・自転車圏内で、それでいてビンボーな若者が街を活性化させる。どこぞの鉄道会社が作りそうなお仕着せの高級住宅地とは明らかに違う。高級とは、なにも地価が高ければいいというものではない。品の良さとは、収入が多ければよいというものでもない。新宿区には、江戸以来の歴史的な地名が残り、街中に史跡がごろごろしており、それを普段の通勤・通学路にさりげなくみることができる。品の良さを作るのに重要なのは、広い意味での教養なのだろうが、新宿区にはそれを自然と育てる環境が整っているのだ。

まあ、江戸以来の街が残っているおかげで、特にここでいうところの牛込エリアでは、まともに自家用車で家に接近できないようなひどい道路事情なのだが、それも新宿区の環境を守る「代償」と考えるべきだろう。むしろ、住宅エリアでは車の通行が少ないため、子供が遊んでいてもあまり危なくないというメリットであると捉えてみてはどうだろうか。

新宿区は、バブル経済による地価の上昇など様々な要因で、本当に人の住めない街になりかけていた。だが、結果としては、今も変わらずというか、これまで以上に様々な人が便利に暮らせる街となった。10年前、我々は新宿区の「実力」の高さを、見誤っていたのである。

市ヶ谷駅から徒歩数分で高級住宅街が。新宿区は全域にわたって、大通りから一歩中に入ると急に住宅地になる地域なのだ

悲惨な情報ばかりが喧伝される団地だが、賢く使えば安くて便利な理想の住まいとなる可能性も。要は考え方次第である

新宿は世界一のイノベーションタウンになれるか

職住近接ライフスタイルが可能な新宿区

新宿区こそが真の高級住宅地である。と大きくぶち上げたわけだが、さらにそれを補強してみたい。まず紹介したいのは、職住近接という言葉だ。職住近接とは、文字通り住居と職場が近い、ということ。これが、近年街づくりにおいて重要なのではないかと考えられるようになってきているのである。

お手本となるのは、先日ついに引退を発表したイチロー外野手が長くマリナーズの主力として活躍したシアトルだ。

シアトルは元々ボーイング社を中心とした工業都市だった。工業都市というものは、何かと住民の鬱憤がたまるものだ。工場の排煙で街は曇り、従業員は油まみれ。大半の人々が低賃金でノルマに追われ、その利益は一部の幹部が独占する。まあそんな構造であったり、雰囲気が充満するのだ。結果、大規模な労働争議が起こったり、それが革命にエスカレートしたりして、街で生まれ育った子供たちは苦労する親たちをみて将来に絶望し不良化する、なんていうのが定番である。工業都市で生まれる文化も、そうした暗い雰囲気を反映するもので、それこそシアトルでは、退廃的なグランジミュージックが生まれたわけだ。

しかし、２００１年にボーイングがシカゴに移転すると、シアトルは劇的な変化を迎えることになる。当初は、街の経済を一手に支えてきた巨大企業の移転で大ピンチどころの話ではなくなった。自動車産業の衰退で「街が潰れてしまった」デトロイトなどと同じ運命をたどることも懸念されたのである。だが、シアトルはそうならなかった。１９８２年に任天堂のアメリカ現地法人が、１９８６年にマイクロソフトの本社がシアトルにやって来ていたという「下地」があり、１９９４年には通販世界トップのアマゾンがシアトルで設立された。こうした巨大ＩＴ企業の集積地として、ボーイング時代よりも激しく、街の地位を向上させたのである。

これらシアトルを発展させてきた巨大企業のうち、創業者がシアトル出身なのはマイクロソフトくらい。任天堂は当然「外国」だし、アマゾンはニューメキシコ州、スターバックスはニューヨークの出身者が作った会社だ。こうした成功者、そして成功者に引きつけられたベンチャーたちは、なぜシアトルに集まったのか。それは、周辺に豊かな自然環境があることもあるが、コンパクトな街並みで、仕事環境と生活環境が至近であり、容易に「両立」させられることのできるライフスタイルが、魅力的だったからだというのだ。

さて、お手本の紹介が少々長くなったが、新宿区はまさに、このシアトルのような職住近接ライフスタイルを簡単に実現できる街といえる。例えば、先に持ち上げるだけ持ち上げた牛込エリアであれば、市ヶ谷から九段下あたりの勤務なら、通勤は徒歩が可能だし、昼食は家に戻って、なんてことも楽勝だ。牛込神楽坂駅から新宿西口駅までの乗車時間は8分だから、徒歩を含めても西新宿のビジネスエリアまで30分を余裕で切る通勤時間であり、仕事が終わったら東口方面で食事をし、健康のため東新宿駅まで歩いてから帰宅なんてことも楽勝である。

どうだろうか。そもそも新宿区、特にＪＲ沿線はそのすべてが巨大ビジネス街であり、その周辺には33万人が暮らす住宅地がある。すでに職住近接の街である。新宿区は東西が最長でも約６・５キロメートルしかない。徒歩で１時間半くらいなので、自転車なら20分もあれば横断できてしまう。つまり、西新宿に代表される巨大ビジネス街へ、区内の住宅地からなら自転車で10分といったレベルなのだ。気分によって鉄道、自転車、徒歩が選択できるところも、職住近接には重要。この条件の良さを、新宿区はもっと認識するべきなのではないだろうか。

新宿駅と高田馬場駅の持つ意味合い

同時に、新宿駅はもちろんのこと、東西線の重要駅である高田馬場駅が、区内からならどのエリアからも至近であることも、重要だ。これは、かなりの部分で「気分の問題」なのだが、これらの巨大駅へ「ちょっとそこまで」のご近所感覚でアクセスでき環境こそがアドバンテージなのだ。

例えば、鉄道であれば牛込エリアから新宿駅までの所要時間（乗車時間10分程度）と変わらない、杉並区の荻窪駅周辺住民は、新宿駅を「ちょっとそこまで」とは認識していない。通勤・通学のような「いかなくてはならない」人々以外は、何か目的の決まった買い物だったり、誰かと会って食事をするだったりといった強制力のあるイベントがないと、時間的には近くても、簡単には行けない「遠い場所」なのだ。

この意識の違いは大きい。距離や所要時間が同じ、場合によっては短くても、荻窪からみた新宿は大繁華街であり、牛込からみた新宿は地元なのである。区北部にあたる落合、早稲田と牛込エリアも含まれる地域は東西線沿線であり、新宿駅へのアクセスは案外不便だが（せっかくできた大江戸線や副都心線と全然連絡していない）、それでも十分に巨大な高田馬場駅まですぐいける。こうした「セカンド」拠点があるのも、新宿区にとっては重要だ。もちろん、高田馬場駅がただのしょぼい駅だったとしても、山手線に乗り換えれば数分で新宿に到達するのだが、人間、特に都会人は乗り換え込みで10分の場所よりも、乗り換えなしで20分の場所の方を「便利」と考える生き物だ。直通でいける高田馬場駅が、大きな繁華街であることは、住民が不便を感じないという意味で非常に重要なのだ。

いずれ世界は新宿が「もっとすごい」ことに気付く

どうだろうか。こうしてみると、すでに誰もが超巨大都市であると思っている新宿区は、それ以上の超絶巨大都市としての実力をもっていることに気付くだろう。それでいて、その直近にまったり暮らせる品の良い下町という、理想的な住環境が控えているのが、新宿区という街なのである。

そして、さらにいうと、新宿区には全国イチの多様性がある。先ほどはシアトルの例を出してみたが、多様性という意味では同じアメリカならニューヨークに匹敵するといえる（目立つという意味での）。外国人居住区が大久保に集中しているというのも、ブロックごとに様々な移民が集まるニューヨークによく似ている。世界一の都市であるニューヨークの力の源は、様々な民族が融合して、同時に違った人々がそれぞれ隣り合って暮らせる街であることだ。そこに至るには、何度も旧住民とニューカマーの衝突を経てきたが、それは新宿も同じこと。すでに衝突の時を経過した新宿区は、ニューヨークと「同等の力」を獲得している。

しかしニューヨークは広い。新宿区の40倍以上の面積だ。つまり、新宿区はニューヨーク並みの多様性と、シアトル並みの職住近接を達成している、世界最強のハイブリッドシティなのである。

それなのに、未だシアトルのようなイノベーションタウンにはなっていない。その大きな理由は、新宿という街が、江戸時代以来の歓楽街の歴史から「下世話な街」であり「洗練されていない街」であるというイメージにあるのだろう。おかげで、近隣のライバルである渋谷や六本木に、本来新宿が獲得すべき地位をかっさらわれてしまったと思えてならない。本来なら、IT産業は新宿でこそ隆盛すべきだったところを、その始まりは渋谷に、発展期は六本木に取られてしまったのである。

だが、2008年からすでに、人口減少に転じた日本である。今後、巨大化した街はコンパクト化が求められ、それに対応できない地域は時代に取り残され、衰退の一途をたどることが懸念されている。そんな時代に、すべてを持ち合わせた新宿区は、これまで以上の発展を遂げる可能性が高いと考えるべきだろう。そもそも東京（江戸）の住宅地であった下町、つまり現在の中央区（港区なども含めていいだろう）が、人の住めない街になり、その後タワーマンション地帯になってしまったことに比べ、新宿区は失ったものが少ない。また、区内の住宅地のほとんどが超高級化してしまった渋谷区のように、街で活躍する人の多くを、他の郊外地域に依存していないことも、職住近接の利点を考えれば限りない優位点といえるだろう。

今のところ、このような「新宿区のすごさ」は、正確に認識されているとは思えない。１９９１年にバブル経済が崩壊しても、多くの人は大企業が耐えられなくなり、崩壊した１９９０年代末期まで、その現実に気付かなかったのと同じく、新宿区が実力に応じた猛威を振るうまで、どれだけ新宿がすごいかを知ることはない。

だから、新宿は、これからも、これまで通りにしていれば、いずれシアトル以上のイノベーションを起こし、ニューヨーク以上に世界に影響を与える街になっていくのである。

ただし、それは新宿がこれまで育んできた新宿らしさを、ずっと保持し続けるという前提が必要になる。これまでみてきた通り、この10年だけでも、新宿は多くのものを失ったし、また今も失われつつあるものがある。危機感を持つべきなのは、新宿が変わってしまうことにあるだろう。

同じように、新宿がより発展し、暮らしやすい街になるためには、ずっと以前に失われてしまった新宿らしさのうち、復活させられるものを探しだし、どうすれば取り戻せるのかを考えることも重要だろう。そこには、一般的にはあまり歓迎されないようなものも含まれる。現在起こっている問題だって、好意的な視点も含めて見つめ直す必要がある。

本書の最終項目となる次項からは、こうした視点も含め、新宿が名実ともに世界一の街となるべく、理想的な未来像を考えてみたい。少々荒唐無稽なアイデアも含まれるだろうが、笑い話としてみながらも「もしかしたらいけるんじゃないの?」とも思いつつ、興味を持ってお付き合いいただければ幸いである。

職住近接を目指すならば、若松河田など抜弁天周辺はどうだろうか。近すぎず、遠すぎず、商店街や病院もあり魅力的

位置関係は理想的なのに、ちっとも発展しない西新宿住宅地。まあ、昔は怪しい地域だったわけで、環境が変わるには時間が必要なのか

新宿らしさとは何かを見直して未来へ向かえ！

今そこにある危機は何か

長きにわたって新宿区をみてきたが、いかがだっただろうか。常に変化を続ける巨大都市新宿だけあって、２０１０年代のわずか10年の間にも、様々な変化が起こり、また変化しなかったものも多い。

前項でお話ししたとおり、このままでいけば、新宿区はさらなる飛躍を遂げ、世界を征することは確実である。では、それを阻むものがあるとすれば、いったいどのような要素なのか。

まずひとつ目は、多様性の喪失だ。といっても、海外勢力がもたらす多様性に関しては、心配する必要はないとみるべきだ。大久保の活況は、この10年強に成し遂げられ、その勢いは止まることを知らず、現在主流の韓国系が仮に衰えたとしても、その後ろにはアジア全域からやってきた他の勢力が控えている。

懸念すべきなのは、長年頭の痛い問題として考えられてきた「怪しい新宿」だ。国内最大のゲイタウンとして名をはせる新宿2丁目の例で、これをより深くみながら、新宿に生きる区民が、気をつけなければならないことを考えてみたい。

先に紹介したとおり、新宿2丁目が衰退したといわれることの要因として、ゲイタウンに興味を持って「遊びに来た」女性客の暴走がよく問題視される。つまり、実際にゲイがあつまり、またその存在を尊重するノンケの男女が集まり、ルールを守りながら存在感を保っていた2丁目に「観光客」が押し寄せたことで、元の住民は嫌気がさし、もっとも重要な要素であった「原住民」の足が遠のき、結果として観光客もこなくなってしまうといった構造だ。ゴールデン街で起こっている問題も、表面も本質もまったく同じである。

これは、2丁目という「特別地域」だけにいえる話ではない。店も街も、そこに通う地元住民や長く通う常連客がその魅力を作り上げ、観光客はそれを楽しみにくるものだ。この考えのもとに、ちょっと厳しい見方をすると、「2丁目の人々は、粘らなければならないところを粘れなかった」ということになる。

筆者が話を聞いた古株の2丁目従業員は、同じような意味合いの話をしていた。あからさまに「ルール」を守らない女性客が何年か前から増加したが、それに対して何の注意も実力行使もしない店や従業員が多かったと。その結果が、現在みられる勢いの低下につながったのではないかと。

結局、「これこそが多様性を保つために重要なのだ。そう考えると、先ほどは「安心できる」とした外国人街にも、同じような危険性はあるといえる。外国の雰囲気や文化を楽しみに来たはずなのに、そこに「自分流」を押しつける観光客が増加したとすれば。「お客様は神様です」が染みついた我々日本人のみならず、日本に暮らす外国人だって、お金を払ってくれるお客様には弱い。その結果がよりよい融合になれば良いが、多くの場合、本来の魅力を削られるだけになってしまうのが世の常だ。パワフルな外国人街では、そうした危険性は低くても、あえてこの言葉を使うが、社会的弱者の聖地であった2丁目では、如実に悪影響がでてしまったというべきだろう。

ゲイタウンや外国人街という「極端な例」から始めたが、これは立場の違いに関係なく、また地域性にも関係なく、すべての人々に共通する課題だ。だから、これまで通り酔っ払いは叩き出し、ホームレスは見て見ぬふりでやり過ごし（これが正しいかどうかは別問題）、場所によっては路上喫煙も黙認（これが正しいか以下略）という、「保守」が重要になる。これには当然ながら、守るべきものと変えるべきものを慎重に見定める必要が同時に発生する。

復古させてみたいもの

保守という話でいえば、新宿をより魅力的な街とするための、「復古」の試みも検討する必要があるだろう。

都営地下鉄大江戸線、東京メトロ副都心線の開通で、一時「陸の孤島」だらけであった新宿区の交通事情は大幅に改善された。そもそも新宿区の住環境を支えていた路面電車「都電」が廃止されて以降、冷遇され続けていた区北部地域がようやく救われることとなった。

だが、これほどの改善を経ても、まだ不足である。交通の「便利さ」とは、選択肢の多さとイコールだ。新宿区は狭くコンパクトで、徒歩では多少厳しくても自転車を使えば区内移動は楽勝だ。しかしそれでも、区北部の大動脈である東京メトロ東西線と、大江戸線、副都心線の接続がなっていない現状では、「自転車を使わないと満足に移動できない」状態であるともいえるのである。

当然、これらをカバーするバス網はすでにある程度以上に整っている。しかし、これまた都会人というやつは、バスを使うのはこの上なく面倒なことだと思う傾向がある。バス差別がひどいのだ。バスを使う必要のある地域はイコール不便な場所である。

これをカバーするには、「都会人の好む」鉄道路線を復活させる必要がある。つまり元々あった都電やトロリーバスの再稼働という話だ。

とはいえ、これは簡単な話ではない。そもそも、新宿は甲州街道の宿場町として始まった街なので、現在の大動脈である甲州街道、青梅街道、靖国街道などの大動脈から自動車を追いだして、路面電車を復活させるというのは現実的でもないし、歴史的な正当性もないだろう。だが、観光都市としての要素を強めている新宿である。とりあえず、観光対策として、ごく一部に路面電車を復活させるというアイデアを検討することはできないだろうか。

先ほど観光客の「害」をお話しした手前、本末転倒な提案となるが、新宿駅周辺の有名歓楽街、つまり歌舞伎町、ゴールデン街、2丁目などを回る「新宿巡回線」を作ることはできないだろうか。また、地下道を中心にかなりの長距離を歩くことになる新宿駅と都庁との接続にも、小規模な路面電車を採用できないだろうか。

これらは、ほぼ完全に観光客向けの路線だが、現在の技術であれば、道路の上にもう一段「高架」をかけて線路スペースを作ることも、少なくとも以前に比べれば実現性が上がっている。大量の自動車を通さなければならない街道も、この技術を使えば克服できるのではないだろうか。

そして、観光路線としての路面電車計画を実現できれば、現在微妙な地域となってしまっている早大通りなど、「路面電車が通っていてしかるべき」エリアにも、その恩恵を及ぼすことができるようになる。先に口汚く罵った、曙橋・東新宿間などのエリアも、真っ暗闇な環境から解放できるようになるかもしれない。

これらのアイデアが（この通りの形であることにはこだわらないが）実現することによって、現在深刻な混雑による観光公害が起こっている歌舞伎町、大久保などから、他の、過去魅力的だった地域への「分散」を促すことができ、「公害」の解消と同時に、より多くの観光客受け入れも可能になる、というのが理論上の見通しとなる。住民の交通アクセスの選択肢が増え、観光客の集中を解消した上でより多くの観光客を誘致できるとすれば、良いことづくめではないだろうか。

新宿の世界制覇には、区と区民の力が必要だ

前作に続き、またぞろ路面電車の復活案をぶち上げてしまったが、本意としては、必ず路面電車を再び、というだけではない。要は、住民や外来者が今、不便を感じている部分を解消する必要性を訴え、そのために役立つもののひとつが路面電車であるというに過ぎない。要は、問題が解決すればいいのだ。

しかし、区民は今ある問題が解決したときに、大きな責任を背負い込むことになる。交通問題に限らず、新宿区が今以上に便利な街になったとき、新しい住民や観光客が、より一層新宿区に影響を与えることは確実だ。その時、ニューカマーの圧力に負け、本来の価値を失うようなことになれば、「便利になったこと」が新宿を滅ぼすことになる。有名観光地となったゴールデン街や新宿2丁目で起こっていることが、区全域で起こることとなるのだ。

新宿という街のポテンシャルは、これまでみてきた通り、名実ともに世界一だ。現段階でも世界ナンバーワンを争えるのに、これ以上発展してしまえばぶっちぎりである。それは同時に、一歩道を誤った時に受けるダメージも、よりいっそう大きなものになることも意味する。

新宿が今のような魅力的な街となった理由を、何度も何度も考える必要があるだろう。江戸開府から、交通の要衝として発達してきた新宿。しかし、政府の計画に沿って成立した新宿は、住民と市場の求めによって、常にカオス的な発展を遂げてきた。高い理想もあった。明確なビジョンもあった。しかし、それは常に明後日の方向へ向かい、しかし結果は良好だった。逆に、強権的な「浄化」をすると、それは時に大きなマイナスの効果をもたらした。

そう、新宿にとって、もっとも大切なことは、人々の欲望を飲み込んで形作られた現在と過去の新宿を認め、きれいなものも、そうでないものも許容して、大事に守っていくことなのだ。

常に新しいものを取り入れ、受け入れてきた新宿。普通、物事には足し算と引き算が必要なものだが、それは新宿には当てはまらない。新宿は足し算だけでいいのだ。何でもかんでも飲み込んできた結果、新宿は世界最先端の都市でありながら、品の良いダウンタウンの雰囲気を獲得した。それを誇りとし、これからもさらに新しいものを取り入れ、失ったものを復活させていく貪欲さを保ち続ければ、新宿は住んでいて楽しく、便利で、充実した街であり続ける。そんな、例外的な街であるとみんなに認識してもらいたい。

様々な文化を産み、経済の中心であり続ける新宿区。その栄光は、区民だけではなく、日本全国、そして世界の牽引者となる。

多くの人はまだ、住む街としての新宿の実力に気付いていない。これからは早い者勝ちになる。現在の住民はもう既得権者なのだ！

あとがき

　さて、読者のみなさんは、どんな印象を抱いたのか。

　きっと住んでいる人はずっとこれからも住みたくなったし、通勤で使っている人も引っ越してみようかなと思ったんじゃないかな。本文にも記した通り、住む地域さえ間違えなければ、新宿区はとてつもなく住みやすい。筆者も長らく新宿区に暮らしてたことがあるが、まったく飽きない。だって深夜にラーメンが食べたくなっても徒歩か自転車でどこかしら店に出かけることができる。それから深夜の散歩をしていると、ずっと住んでいても歩いたことのない路地が見つかってワクワクすることも、よくあるのだ。新宿区に住むということは、常に探検気分なのである。

　そんな新宿区も、ここ十年あまりの間にガラリと様相を変えた。そう、10年前といえばちょうど韓流ブームで新大久保がコリアンタウンとして注目されていた時期。そのブームも過ぎたかと思えば定着しているし、ほかの様々なエスニックな店もメディアに取り上げられるようになって、初めてでも店に入りやすくなった。新大久保にいけば、海外に旅行しなくても日本では普段は目にしないような文物にいくらでも出会うことができる。こんなの東京広しといえども、今のところは新宿だけである。近年は池袋とか亀戸のチャイナタウン化が話題になっているけれども、ごった煮感では新宿区にはかなわない。

東京はもともと田舎者の集まってできた街。新宿区はその筆頭格のひとつといえる。田舎者どころか世界の人が集まっているわけだし。そんな人々が集まってできた歴史が「伝統」ということになっているんだから、カオスでオンリーワンなのは間違いない。

これまで、新宿区はそんなカオス感を熟成することで歴史をつくりあげてきた。それは、タワーマンションが増加した現在でもかわらない。本文中でも触れた富久町のタワーマンションのように、もとの土地の持ち主の要望を聞いて、一戸建てっぽい建物をつくるとか。これも新宿区じゃなければ、できないのではないかと思う。

この本をつくるにあたって、以前出した『新宿区』をまたグルグルとめぐったりしてみたのだけれども、やっぱり新宿区の繁華街から外れた、なんの変哲もない地域は面白過ぎる。やっぱり新宿区は地域のブランドイメージもあるのか、マンションも増えてきた。増えてきたのはいいけど、なんとか土地を確保して建てたんだなという涙ぐましい努力をしている系も多い。駐車場つきなのにマンションの前は車一台がやっと通ることができる一方通行なんてのも多いからだ。あと、ほかの地域に住んでみるとやっぱり牛込や戸塚周辺地域の坂は苦しい。坂の上にあるマンションなんて老後は「こんなところ住めるか！」になるドラマが容易に想像できて楽しい。

そうドラマといえば、戸山の団地。本文に書いたとおり限界集落となった地域は、フラフラと歩いていると本当に面白い。かつての賑わいが終わったわびさびがある。そして、昼間から公園に集まって飲んでいる老人たち。そこにボクたちは、もう青春期を終えてしまった日本の悲しさを知るのだ。

いま、東京は大変なことになっている。東京オリンピックに向けて湾岸では街の風景がどんどん変わっている。この本の出版社のビルから、少し歩けば隅田川を渡って月島。かつては、下町がちゃんと保存されている地域だったが、地元住民はそんなものに価値がないとばかりに街を破壊して、どんどんタワーマンションへと引っ越している。気がついたら、もう月島でも土地が足りないのか晴海あたりもマンションだらけになっちゃっている。これら湾岸の地域は著しくスクラップアンドビルドを進めて、昔をなかったことにしている。それに対して新宿区は昔も今も入り交じった状態で進化を続けている。

これが新宿の魅力なのである。

住宅地もあれば、怪しげな地域もある。不便な地域もあるけれど、繁華街が近いから我慢できる。住んでいる人種もあまりにも多すぎて、なにがなんだかよくわからん。そんな、なんだかよくわからん怪しさこそが新宿区を、変な進化から救っている。これから百年の未来で、もっとも東京らしさを遺すのはきっと新宿区であろう。

2019年5月　昼間たかし

参考文献

・新宿区
『新修新宿区史』１９６７年
『新宿区史　区成立四〇周年記念』１９８８年
『新宿区史　区成立五〇周年記念』１９９８年
・新宿区教育委員会
『地図でみる新宿区の移り変わり　牛込編』１９８２年
『地図でみる新宿区の移り変わり　四谷編』１９８３年
『地図でみる新宿区の移り変わり　淀橋・大久保編』１９８４年
『地図でみる新宿区の移り変わり　戸塚・落合編』１９８５年
『地図でみる新宿区の移り変わり　索引編』１９８７年
『新宿区町名誌―地名の由来と変遷』１９７６年
・牛込区史編纂会
『牛込町誌第１巻（神楽町及若宮町之部）』１９２１年
・牛込区役所
『牛込区史（東京都旧区史叢刊）』１９８５年

・四谷区役所
『四谷区史（東京都旧区史叢刊）』１９８５年
・警視庁四谷警察署
『四谷警察署史—創立１００年記念』１９７６年
・新宿区歴史博物館
『新宿歴史博物館　常設展示図録』１９８６年
『東京都新宿区立新宿歴史博物館蔵書目録』１９９０年
『企画展ステイション新宿』１９９２年
『企画展トラム（路面電車）とメトロ（地下鉄）』１９９８年

【その他】

・松本暢子／大妻女子大学
『団地更新事業後30年を経た戸山ハイツの居住者の高齢化に関する研究
団地更新事業の評価と高齢者居住の条件』２００４年
・るるぶ編
『るるぶ神楽坂四谷早稲田新大久保』ＪＴＢパブリッシング　２００５年

・けやき舎
『季刊 神楽坂まちの手帖』各号
・郷土出版社編集部
『写真が語る激動のふるさと一世紀』 郷土出版社 2015年
・本橋信宏
『高田馬場アンダーグラウンド』 駒草出版 2019年
・山谷哲夫
『裏歌舞伎町まりあ横丁—新大久保コリアンタウンの哀しい嘘—』現代書館 2013年
・三橋順子
『新宿「性なる街」の歴史地理』 朝日新聞出版 2018年
・河村茂/勝田三良
『新宿・街づくり物語—誕生から新都心まで300年—』 鹿島出版会 1999年
・本間健彦
『60年代新宿アナザー・ストーリー—タウン誌『新宿プレイマップ』極私的フィールド・ノート—』
社会評論社 2013年
・CBSソニー出版編
『ひとり暮らしの東京事典 84年版』CBSソニー出版 1984年
・MAGAZINE HOUSE MOOK

『東京生活Qどうする？　東京生活のコツ』マガジンハウス　1995年
・横山源之助
『日本の下層社会』岩波文庫版　1985年
・松原岩五郎
『最暗黒の東京』岩波文庫版　1988年
・斑目文雄
『江戸東京・街の履歴書3』原書房　1991年
・風俗画報臨時増刊
『新撰東京名所図絵・四谷区乃部（上）』1903年
・岡本昭一郎
『西新宿物語　淀橋浄水場から再開発事業まで』日本水道出版社　1997年
・三島富士夫／生方良雄
『鉄道と街・新宿駅』大正出版　1989年
・小田急電鉄株式会社
『小田急75年史』小田急電鉄　2003年
・京王電鉄広報部
『京王電鉄五十年史』京王電鉄　1998年
・佐々木信夫

『都庁　もうひとつの政府』岩波新書　1991年
・高橋庄助
『東京史跡ガイド4　新宿区史跡散歩』学生社　1992年
・武英雄
『内藤新宿昭和史』紀伊國屋書店　1998年

【東京都】
・東京都総務局統計部
『国勢調査東京都区市町村町丁別報告』　2015年
『東京都統計年鑑』東京都　2016年
『暮らしととうけい』東京都　2018年
『住民基本台帳による東京都の世帯と人口』2018年
『学校基本調査報告』　2018年
・東京都総務局行政部
『特別区決算状況』　2015年
『市町村別決算状況』2016年

『特別区公共施設状況調査結果』2016年
・東京都総務局総合防災部防災管理課
『消防年報』2018年
・東京都生活文化局総務部
『駅前放置自転車の現況と対策』2015年
・東京都建設局
『洪水ハザードマップ/浸水予想区域図』2019年
・東京都財務局主計部
『財政のあらまし』2018年
・東京都都市整備局市街地建築部
『建築統計年報』2017年
・東京都教育庁総務部
『公立学校統計調査報告書(学校調査編)』2018年
・東京都福祉局国民健康保険部
『国民健康保険事業状況』2007年
・東京社会保険事務局
『国民年金事業統計』2016年
・東京都福祉局総務部

『社会福祉統計年報』２０１７年

・東京二十三区清掃協議会

『清掃事業年報』２０１８年

・東京都都市計画局

『東京の土地（土地関係資料集）』２０１７年

・東京都健康局総務部

『東京都衛生年報』２０１７年

・東京都建設局道路管理部

『東京都道路現況調書』２０１８年

・警視庁総務部文書課

『警視庁の統計』２０１８年

・警視庁交通部

『警視庁交通年鑑』２０１８年

・総務省統計局

『国勢調査報告』２０１５年

『消費者物価指数月報』２０１９年2月分

【サイト】

・新宿区公式ホームページ
http://www.city.shinjuku.tokyo.jp/
・東京都公式ホームページ
http://www.metro.tokyo.jp/index.htm
・特別区自治情報・交流センター　統計情報システム
http://www.research.tokyo-23city.or.jp/
・東京都公立図書館協議会『東京都公立図書館調査』
http://www.library.metro.tokyo.jp/15/15700.html
・東京都の統計
http://www.toukei.metro.tokyo.jp/index.htm
・第26回特別区の統計
http://www.research.tokyo-23city.or.jp/26toukei.html
・JR東日本
http://www.jreast.co.jp/
・国土地理院　国土変遷アーカイブ　空中写真閲覧システム
http://archive.gsi.go.jp/airphoto/contact.jsp

・東京都再開発事務所
http://www.toshiseibi.metro.tokyo.jp/saikaihatu_j/toppage.htm
・京王グループ公式ホームページ
http://www.keio.co.jp/index.html
・小田急電鉄公式ホームページ
http://www.odakyu.jp/
・西武鉄道ホームページ
http://www.seibu-group.co.jp/railways/
・東京23区の坂道
http://blog.livedoor.jp/tokyosakablog/
・坂道散歩
http://8tagarasu.cocolog-nifty.com/sakamitisanpo/
・東京街歩き
http://homepage2.nifty.com/aquarian/Tokyo/Tokyo_hd.htm

【新聞】

・朝日新聞
https://www.asahi.com/
・読売新聞
https://www.yomiuri.co.jp/
・毎日新聞
https://mainichi.jp/
・産経新聞
https://www.sankei.com/
・日本経済新聞
https://www.nikkei.com/
・東京新聞
https://www.tokyo-np.co.jp/

●編者

昼間たかし

ルポライター。昭和50年、岡山市生まれ。市立弘西小学校・旭中学校。県立金川高等学校を経て立正大学文学部史学科卒業。東京大学大学院情報学環教育部修了。言論・表現の自由、地方の文化や忘れられた歴史などテーマに取材する。著書に『コミックばかり読まないで』(イースト・プレス)、『これでいいのか千葉県船橋市』(マイクロマガジン社)など。

地域批評シリーズ㊱　これでいいのか 東京都新宿区

2019年5月27日　第1版　第1刷発行

編　者　昼間たかし
発行人　武内静夫
発行所　株式会社マイクロマガジン社
〒104-0041　東京都中央区新富 1-3-7 ヨドコウビル
TEL 03-3206-1641　FAX 03-3551-1208（販売営業部）
TEL 03-3551-9564　FAX 03-3551-9565（編　集　部）
http://micromagazine.net/
編　集　髙田泰治
装　丁　板東典子
イラスト　田川秀樹
協　力　株式会社エヌスリーオー
校　閲　文字工房　燦光
印　刷　図書印刷株式会社

※本書の内容は2019年4月15日現在の状況で制作したものです。

2019 Printed in Japan　ISBN　978-4-89637-881-8　C0195